Bauwelt Fundamente 122

Herausgegeben von
Ulrich Conrads und Peter Neitzke

Beirat:
Gerd Albers
Hildegard Barz-Malfatti
Elisabeth Blum
Werner Durth
Eduard Führ
Werner Sewing
Thomas Sieverts
Jörn Walter

Alison und Peter Smithson

Italienische Gedanken, weitergedacht

Herausgegeben von Karl Unglaub

Bertelsmann Fachzeitschriften
Gütersloh · Berlin

Birkhäuser – Verlag für Architektur
Basel · Boston · Berlin

Aus dem Englischen von Karl Unglaub

Erste Umschlagseite: Straße in Santa Monica, Kalifornien
Vierte Umschlagseite: Mohnblumen-Collage aus *Tram Rats*

Mit freundlicher Unterstützung der Firma Tecta, Lauenförde

Deutsche Bibliothek Cataloging-in-Publication Data

Smithson, Alison:
Italienische Gedanken, weitergedacht / Alison und Peter Smithson. Hrsg. von Karl Unglaub. [Aus dem Engl. von Karl Unglaub]. - Gütersloh ; Berlin : Bertelsmann Fachzeitschr.; Basel ; Boston ; Berlin : Birkhäuser, 2001
  (Bauwelt-Fundamente ; 122)
  ISBN 3-7643-6341-X

Dieses Werk ist urheberrechtlich geschützt. Die dadurch begründeten Rechte, insbesondere die der Übersetzung, des Nachdrucks, des Vortrags, der Entnahme von Abbildungen und Tabellen, der Funksendung, der Mikroverfilmung oder der Vervielfältigung auf anderen Wegen und der Speicherung in Datenverarbeitungsanlagen, bleiben, auch bei nur auszugsweiser Verwertung, vorbehalten. Eine Vervielfältigung dieses Werkes oder von Teilen dieses Werkes ist auch im Einzelfall nur in den Grenzen der gesetzlichen Bestimmungen des Urheberrechtsgesetzes in der jeweils geltenden Fassung zulässig. Sie ist grundsätzlich vergütungspflichtig. Zuwiderhandlungen unterliegen den Strafbestimmungen des Urheberrechts.

Der Vertrieb über den Buchhandel erfolgt ausschließlich über den Birkhäuser Verlag.

© 2001 Birkhäuser – Verlag für Architektur, Postfach 133, CH-4010 Basel, Schweiz
und
Bertelsmann Fachzeitschriften GmbH, Gütersloh, Berlin
 Bertelsmann
Fachzeitschriften
Eine Kooperation im Rahmen der Fachverlagsgruppe BertelsmannSpringer

Gedruckt auf säurefreiem Papier, hergestellt aus chlorfrei gebleichtem Zellstoff. TFC ∞

Printed in Switzerland
ISBN 3-7643-6341-X

9 8 7 6 5 4 3 2 1   http://www.birkhauser.ch

Inhalt

Vorbemerkung des Herausgebers 6

Einführung 8

Prolog: Die Entfaltung 10
Die Wiederbelebung eines Teils der gotischen Denkweise 26
Straßen und Reaktionen 46
Markierungen entlang einer Linie 54
Pfade für das Territorium 60
Himmel 64
Verbindungselemente 72
Zum Begehen gemacht 82
Der Magnetismus der Kante 96
Uferreaktionen 102
Fußgängerbrücke über Bloomers' Hole 108
Rio Fiumicello 110
Markierungen auf dem Land 112
Eine Anordnung von Bäumen 124
Punktförmige Anordnung: Scharlach-Eichen 128
Balatonfoldvar 130
Maßnahmen zur Bodenverbesserung 134
Zwei Türme 146
Anordnungen in Vororten 156
La Fornace 164
Feuerwerk im Calanco 168
Einbettungen 172
Zuhause sein 190
Von oben – nach oben 206

Bibliographie des ILA&UD 213
Bildquellen 214

Vorbemerkung des Herausgebers

Mit ihrem Buch *Italienische Gedanken, weitergedacht* setzen Alison und Peter Smithson ihre Architekturbetrachtungen fort. Ausgehend von der *konglomeraten Ordnung*, die in den *Italienischen Gedanken* den Schwerpunkt bildete, richtet sich der Blick nun auf den Zwischenraum als Kernthema jedes gebauten Eingriffs.
Im vorliegenden Band wurde dem Bildmaterial – ähnlich wie Alison Smithson Collagen und Bilder in den *Tram Rats** zum Erzählen einer Geschichte benutzte (1) – große Bedeutung zur Erläuterung der Überlegungen eingeräumt. Das sollte aber nicht von den dahinterliegenden Ideen ablenken.[1]

Mein Dank gilt Axel Bruchhäuser, der die Realisierung dieses Buches gefördert hat, sowie Marco-Dario Chirdel, Ute Nawratil, Hermann Koch und Heike Belzer.

Edinburgh, im September 2001   Karl Unglaub

Alison M. Smithson   Peter Smithson

    In Klammern gestellte Ziffern beziehen sich auf die Numerierung der Abbildungen. Hochgestellte Ziffern kennzeichnen Anmerkungen von Alison und Peter Smithson, *, **, *** etc. Anmerkungen des Übersetzers.
1 In unseren Texten ist ein Bild – eine Zeichnung, eine Fotografie, ein Diagramm – stets Teil des Gedankengangs. Wir können ein Bild nur unter Schwierigkeiten von der visuellen Kraft befreien, um es als Argument bei der Beweisführung zu benutzen. P.S.
* Alison Smithson, *Tram Rats – A Story for Adults and Children*, London 1976

1
Collage aus dem Buch *Tram Rats*, A.S., 1976

Einführung

Diese Arbeit setzt die Kenntnis unseres Buches *Italienische Gedanken** voraus beziehungsweise will zu dessen Lektüre anregen. Mit beiden Büchern wird eine architektonische Vorstellung umrissen – von Projekten ergänzt, die zeigen, was zu dieser Vorstellung geführt hat oder wohin sie führen könnte.
Ursprünglich sind die meisten in dem vorliegenden Band versammelten Beiträge für das *International Laboratory for Architecture and Urban Design* (ILA&UD)** geschrieben worden, das seinerzeit in Urbino tätig war und sich jetzt in San Marino befindet. Viele der Projekte beschäftigen sich mit Fragen, die das ILA&UD an beiden Orten untersucht hat (2).

London, im Januar 1997　　　　　Peter Smithson

* Alison und Peter Smithson, Italienische Gedanken. Beobachtungen und Reflexionen zur Architektur, Bauwelt Fundamente, Bd.111, Braunschweig/Wiesbaden 1996
** Das ILA&UD ist eine 1976 von Giancarlo de Carlo gegründete und von ihm geleitete Kooperation einer Gruppe von Universitäten. Peter Smithson gehört seit 1977 dazu. Studenten, Fakultätsmitglieder und international bekannte Architekten, Wissenschaftler und Künstler bearbeiten gemeinsam jeweils eine Aufgabenstellung. Die Kurse finden an den beteiligten Universitäten statt und im Sommer an verschiedenen Orten in Italien.

2
Titelbild des ILA&UD-Jahresberichtes 1991-1992.
Blick durch ein Fenster des *Palazzo Ducale* in Urbino

Prolog

Die Entfaltung

Wir begannen unser berufliches Denken in den fünfziger Jahren, als wir die Begriffe entwickelten, die es uns ermöglichten, uns mit der veränderten Gesellschaft auseinanderzusetzen. Wir sprachen von Identität, Mustern des Zusammenlebens[1], Wachstum und Veränderung, von Mobilität (3).

In den fünfziger Jahren dachten wir, wir wüßten, in welcher Gesellschaft wir leben – mit all ihren Fehlern. Und was damals vielleicht sogar noch wichtiger war: Wir wußten, welche Gesellschaftsform wir anstrebten, im wesentlichen eine sozialistisch-demokratische. Und die Aufgabe des Architekten und Stadtplaners bestand darin, den Traum, für den man kämpfte, für diese Gesellschaften zu bauen. Manchen gelang das besser als anderen.

Die meisten Architekten, die kurz vor oder nach dem Zweiten Weltkrieg ihr Studium abschlossen, blickten nach Skandinavien, wenn sie nach Modellen dafür suchten, was man bauen sollte. Denn dort gab es eine sozialistisch-demokratische Gesellschaft, die für alle ihre Bedürfnisse baute.

[1] *Patterns of Association*
Es geht darum, wie Leute zusammenkommen, wie sie sich im Raum gruppieren und worüber sie reden. P.S.

3
CIAM Grille, A.&P.S., 1953

Die Schwedische Landesausstellung (4) hatte 1930 die Aufmerksamkeit Europas auf sich gezogen, man beobachtete die Errungenschaften bei der Entstehung: die neuen Trabantenstädte mit einem Transportsystem, das sie mit Stockholm verband, Schulen, Kliniken, natürlich Gemeindezentren. Aber noch einflußreicher waren neue funktionale Typologien. Freizeiteinrichtungen für eine unkomplizierte Benutzung durch die Familien waren eine Antwort auf die damals übliche Betonung des gesunden Lebens mit frischer Luft, Sauberkeit, ausreichender Bewegung und adäquater Ernährung: der ideale Mensch in der erträumten Gesellschaft.

All jene schwedischen, dänischen, finnischen Bauten – im Maßstab zum Ort passend, den Ort würdigend, dem Klima angepaßt, auf wirtschaftliche Ausgewogenheit zugeschnitten – waren für diese völlig aufgeklärte Gesellschaft bestimmt. Eine Gesellschaft mit liebenswürdigen Gepflogenheiten, weil sie an Freundlichkeit, Gleichheit und darum ans Teilen glaubte. Was bedeutete, daß man sich um Gebäude, Gegenstände, Oberflächen, Orte kümmerte, so daß es anderen und einem selbst Spaß machte, sie zu benutzen.

Diese Gesellschaft entfaltete sich schließlich in Europa so wie ein Buch, eine Seite roter als die andere. Die andere Seite sagte dann, viel später, daß sie grün sein wollte; dann, etwas später, zur Überraschung aller, wurde Europa plötzlich wieder zu einem einzigen Buch. Die Seite, die früher rot war, war jetzt viel grauer und schmutziger, als sogar ihre Kritiker behauptet hatten. Und vielleicht wird eine Hälfte des Buches in naher Zukunft, ähnlich zwingend, in Stücke zerfallen.

4
Stockholm, Schwedische Landesausstellung, Gunar Asplund, 1930

Welche Art von Gesellschaft haben wir also in Europa? Oder in England? Wir sollten es eigentlich wissen, aber wir haben keine Gewißheit mehr.

Die größte Entfaltung der sozialistisch-demokratischen Gesellschaft ereignete sich im Verlaufe unseres beruflichen Lebens. Die sozialistisch-demokratische Gesellschaft war der Bauherr; in den fünfziger Jahren bauten Architekten in Europa für den Staat, die Gemeinde, die Wohnungsbaugesellschaften oder Varianten davon.
In den fünfziger Jahren sorgte sich der CIAM um Le plus grande nombre, zu der wir alle gehörten. Das Team X setzte diese Denkrichtung fort – unter Berücksichtigung des anonymen Bauherrn. Außerdem versuchten wir im Team X den Charakter der Veränderung auf der Basis veränderter Wünsche vorherzusehen – ein Wandel der durch das Angebot des Marktes und durch einen neuen Faktor, den Druck der Werbung, verursacht wurde (5, 6).
Da jede Unternehmung von angemessenem Umfang zur Realisierung drei bis fünf Jahre benötigt, muß der Architekt für die Zukunft bauen, wenn auch für die nahe und damit anscheinend vorhersehbare Zukunft.

5
Erste Seite einer vierseitigen
Anzeige,
Ladies Home Journal,
Anfang der fünfziger Jahre

6
Collage *It's a psychological fact pleasure helps your disposition*
Eduardo Paolozzi, 1948

In England kannten wir in unserer Kindheit und in der Zeit der Kriegspropaganda – einer Zeit, in der die Leute oft fotografiert und erfaßt wurden – instinktiv die Wurzeln unserer Gesellschaft und die programmierten Träume einer Schönen neuen Welt.*
Viele Architekten bemühten sich um diese Schöne neue Welt, aber viele beherzte Versuche unserer Generation wurden von Planern gestoppt. Die Architekten der Generation der fünfziger und sechziger Jahre, das Gegenstück zu den Beatles und Twiggy, wurden enttäuscht. Auf dem Kontinent war das anders, dort waren andere Kräfte am Werk (7). Es scheint, als hätte England mit der Zerstörung der sozialistisch-demokratischen Gesellschaft begonnen, als es die freie Wahl beim Bau von Einfamilienhäusern einschränkte. Im Rückblick war diese Einschränkung der persönlichen Freiheit der Ausgangspunkt eines unerwarteten Richtungswechsels, der kaum bemerkt wurde.
Das liegt jetzt schon lange zurück. Andere Nationalstaaten haben dramatischere Purzelbäume geschlagen und Richtungswechsel vollzogen. Deswegen neigen wir dazu, uns als europäische Gesellschaft zu betrachten. Wir fragen uns, ob wir wirklich mögen, was wir sind, und wie das zu der Art von Menschen paßt, die wir gerne sein möchten. Wir hatten recht mit der Annahme, daß Werbung zu einer besitzorientierten Gesellschaft führen würde.

---

* P.S. bezieht sich auf den Roman *Schöne neue Welt* von Aldous Huxley. „... Mit unheimlicher Logik entwickelt sich das Bild einer erbbiologisch und psychologisch ab ovo konditionierten, total manipulierten Wohlstandsgesellschaft, deren Axiome Überbevölkerung, Überproduktion und Überkonsum sind." Zitiert nach: Gero von Wilpert, Lexikon der Weltliteratur, Bd. II, Stuttgart 1968, S. 1209

7
Woods, Bodiansky, Candilis Le Corbusiers Architekten vor Ort, auf dem Dach der *Unité* in Marseille

Von der Werbung werden die Dinge bestimmt, die man haben möchte, für die im Haus und im Stadtraum Platz geschaffen werden muß. Das führt zu einem veränderten Lebensstil, den man mit den Gegenständen verkauft.
Wir fürchteten, daß ein Teil der Bevölkerung vom Erfolg der Traumgesellschaft – die zur Überflußgesellschaft wurde – ausgeschlossen werden und sich in neidische, aggressive Vandalen verwandeln würde. Es schien wirklich keine Möglichkeit zu geben, dem zunehmenden Vandalismus in England Einhalt zu gebieten, und viele Besucher vom Kontinent waren entsetzt über die verdreckten Wohnsiedlungen, die im Widerspruch zum offensichtlichen Wohlstand der Besitzer standen. Wir haben überall Gesellschaften, in denen es eine beträchtliche Anzahl feindseliger, unsozialer Elemente gibt. In einigen Fällen handelt es sich um extrem aggressive, teilweise gut organisierte Kräfte. Es gibt mittlerweile eine komplette Skala davon: Zerstörungswütige, Kleinkriminelle, Deserteure aus der Armee – bis hin zu Terroristen. Es ist schäbig, Gebäude und leblose Gegenstände zu zerstören. Sie können sich nicht wehren, und sie sind auf keinen Fall für irgend etwas verantwortlich zu machen. Zuweilen mit großer Liebe und Sorgfalt errichtet, können sie gar nicht mehr adäquat wiederhergestellt werden. Die handwerklichen Fähigkeiten dazu sind in der Gesellschaft nicht mehr vorhanden.
In den sechziger Jahren sagten wir, daß man Gebäude mit einer „Samurai-Gestik" nicht braucht (8). Wir glaubten, daß die meisten Gebäude ohne Rhetorik sein sollten, dazu da, den Menschen behutsam zu dienen. Sie sollten den sie umgebenden Raum nicht zerstören und weder die Identität einer Gemeinde verletzen noch die Besonderheit des gebauten Ortes tilgen.

8
The Economist Building, London, St. James Street, A.&P.S.,
Fotomontage von mehreren *Economist-Clustern*
in einer Luftaufnahme von St. James

Gibt es irgendeinen Idealismus in bezug auf eine zukünftige Gesellschaft? Ein Teil der Gesellschaft würde gerne verfeinern, was sie hat, in Nuancen anpassen, kleine Akzentverschiebungen vornehmen. Großen Veränderungen geht man aus dem Weg, wenn sie sich irgendwie als destruktiv herausstellen könnten, denn wir sind mißtrauisch geworden.

Wir leben in einer Zeit, in der sich ganze Bevölkerungen in Bewegung befinden. Wie gehen wir damit um in einer freien Welt, in der jedes Land einer Überlastung ausgesetzt werden könnte? Wie können das Besondere, die Identität – für uns die interessanteste Qualität – weiter bestehen, wenn sie Zwängen ausgesetzt sind, wie dem Bevölkerungszustrom, der Werbung und der aggressiven Durchsetzung von Ansprüchen?

Unsere einzige Gewißheit ist die Entfaltung unserer Disziplin. In den siebziger und den achtziger Jahren entwickelten wir den Begriff der *konglomeraten Ordnung*[2], um einen Schutz für Individuen und Orte auf vielen verschiedenen Ebenen anzubieten (9).

In den fünfziger Jahren bauten wir Gebäude in der Hoffnung, daß die Menschen darin glücklich wären. Heuten bauen wir in der Hoffnung, daß sie sich darin sicher fühlen. Man ist sich in Europa nicht sicher, ob man diese Veränderung mag.

---

2   „Ein Gebäude der *konglomeraten Ordnung* erfüllt mehrere Funktionen gleichzeitig. Eine Bushaltestelle könnte zum Beispiel dem Schutz der Wartenden vor Regen dienen und zugleich zur Definition des öffentlichen Raumes genutzt werden." P.S.
    Zum Begriff und zum Kanon der *konglomeraten Ordnung* vgl. Alison und Peter Smithson, Italienische Gedanken, Beobachtungen und Reflexionen zur Architektur, Braunschweig/Wiesbaden 1996, S. 110ff.

9
Building 6 East und *Arts Barn Komplex*, A.&P.S., Gebäude wie die Quasten eines Teppichs versuchen zwischen der Universität und dem landschaftlichen Kontext zu vermitteln.

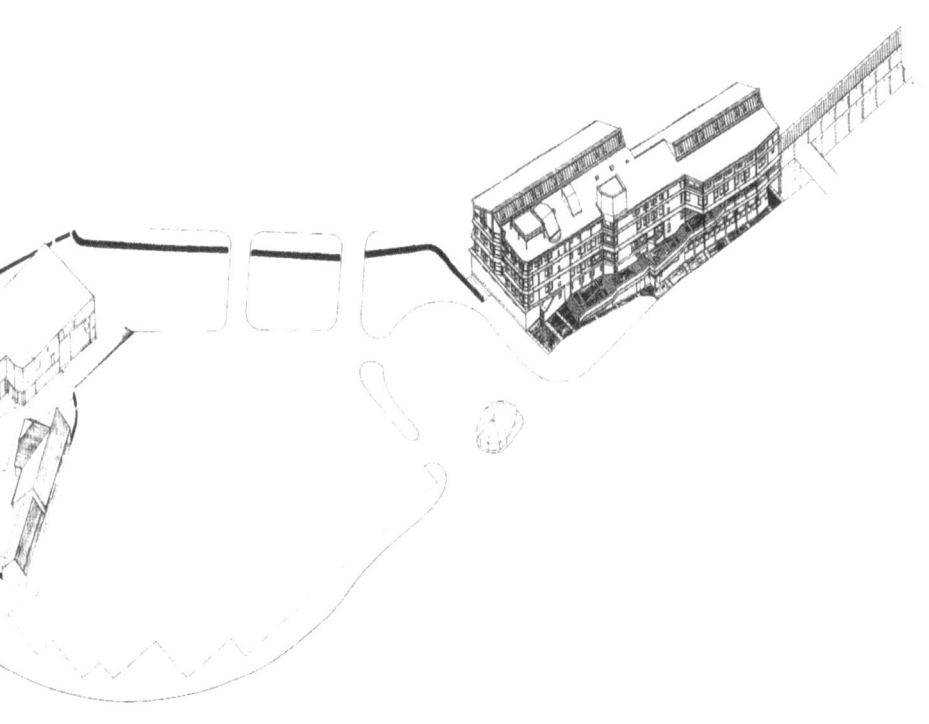

Ging der Strom der Gedanken und Projekte in *Italienische Gedanken* noch in Richtung der *konglomeraten Ordnung*, so richten sich die Gedanken und Projekte von 1990 bis heute auf Begriffe, welche die bindende Kraft des Zwischenraumes artikulieren; deren Natur entfaltet sich durch die jeweiligen Gegebenheiten. Zwei Diagramme zeigen die drastische Veränderung, die diese Strömung mit sich gebracht hat: eines die gebauten Ereignisse als positive Form, das andere den Zwischenraum als positive Form (10, 11).

Physisch sind Verknüpfungselemente Elemente, die verbinden: von Pfaden bis hin zu Autobahnen, Flüssen, Einmündungen, Häfen, Kanälen und dem, was an oder über ihnen liegt, Höhenunterschiede, Hecken, Baumgürtel, Baumgruppen, sogar Wälder und zur Verbindung gebaute Vorrichtungen wie Mauern, Pipelines, Gräben, Entwässerungskanäle und so weiter.

Metaphysisch liegt die Verknüpfung in den Eigenschaften dieser verbindenden Dinge und in den Ereignissen und Strukturen, die ihre Gegenstücke darstellen und ein Gefühl der Zusammengehörigkeit erzeugen.

10
Die Gebäudestruktur als positive Form

11
Der Zwischenraum
als positive Form

Geruch
Als man noch von zweimotorigen Flugzeugen in Orly abgesetzt wurde, war die erste Wahrnehmung von Frankreich der Geruch von Gauloises.
In den fünfziger Jahren roch Oslo vom Flughafen bis zum Hotelzimmer nach Fischtran.
In den sechziger Jahren strömte beim Öffnen der Tür der alten Comet in New Delhi der Geruch von Indiens Tieren und Erdboden in die Kabine, ein Geruch, an den wir uns heute nostalgisch erinnern.
Territorien kündigten sich durch ihren Geruch an und waren so mit diesem verbunden (12).

Wärme
Wenn man heute bei kaltem Wetter auf der Straße geht, bemerkt man, daß Wärme ein Indikator für Wohlstand ist.
Man sieht Fenster mit Vorhängen, die nicht zugezogen sind. Die Lampen brennen, zuweilen sogar bei Tageslicht. Die Menschen, die unserem Blick ausgesetzt sind, sind leicht bekleidet.
Das sind die neuen Kennzeichen des Wohlstands.

12
Ein Foto, das den Geruch eines Territoriums abbildet, ist schwer zu finden. Dieses Bild zeigt den Kot in Paris um 1900; im Hintergrund sieht man Dunst aus dem Fluß aufsteigen.

Die Wiederbelebung eines Teils der gotischen Denkweise*

Ursprünglich bedeutete das Errichten einer ebenen Plattform ein Ordnungssystem (13).[1]
In der Antike schienen die Ordnungen – dorisch, ionisch, toskanisch, korinthisch, komposit – so perfekt, daß man sie als Geschenk der Götter betrachtete, ein göttliches Ordnungssystem.
Es hat Dutzende von „Ordnungen" gegeben – Methoden, Dinge zusammenzustellen, die zu ihrer Zeit unveränderbar erschienen: Symmetrie, der Bezug auf ein Zentrum, die serielle Addition entlang einer Achse, die Erzeugung von Formen durch eingezeichnete Kreise – alles Erfindungen.

In diesem Jahrhundert bestanden die Ordnungen darin:
>„organisch" auszusehen,
>eben zu sein, das heißt, so zu erscheinen, als sei alles aus flachen Ebenen gemacht,
>regelmäßig, repetitiv zu sein,
>räumliche Raster zu benutzen,
>Zahlensysteme zu benutzen,
>proportionale Systeme zu benutzen.

Alle haben ein erkennbares, im nachhinein kodifizierbares[2] Ordnungssystem unterstützt.

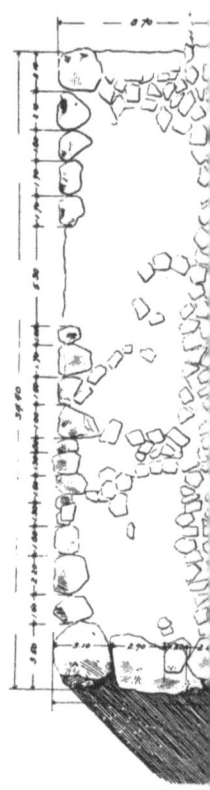

1 Auf diese Art begann die dorische Ordnung
2 Wenn sie kodifizierbar sind, sind sie dann tot?
* Gotik bezieht sich bei A.&P.S. nicht auf eine kunsthistorische Baustildefinition, sondern auf eine Denkweise.
„... Die Form der Reaktion wird nicht von der logischen Gehirnhälfte zur Verfügung gestellt; es ist eine Aktion von einem Teil des gotischen Verstandes." Alison und Peter Smithson, Italienische Gedanken. Beobachtungen und Reflexionen zur Architektur, Braunschweig/Wiesbaden 1996, S. 188

13
Podium *Heraion*

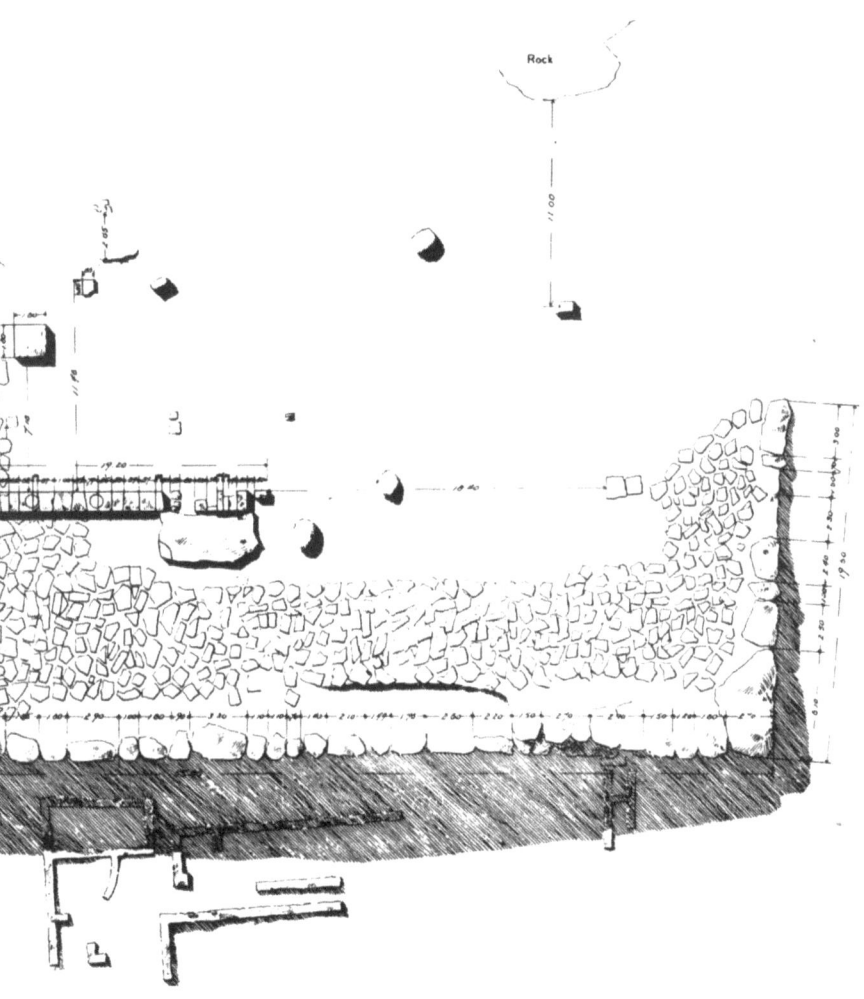

Die *konglomerate Ordnung* hat vielleicht mit der Wiederbelebung eines Teils der gotischen Denkweise zu tun. Die Wege und Straßen einer mittelalterlichen Stadt sind ganz anders als jene, die nach der Renaissance gebaut wurden. Die Wege und Straßen der Renaissance sind Theater. Mittelalterliche Wege und Straßen sind Tatsachen.

Die ersten Jahre, als das ILA&UD Siena besuchte, fielen in die Zeit des Palio, also in den August. Man folgte den Ereignissen des Palio Schritt für Schritt und las die soziologische Interpretation jedes Schrittes in Falassis Buch[3] am Abend zuvor, so daß man annahm, man würde wissen, was man am nächsten Tag sehen würde. Man verstand, daß die territorialen Grenzen der *contrade*, welche die berühmte Karte enthält, die von der Prinzessin Violante von Bayern 1729 verfügt wurde, nicht auf den Straßen markiert sind (14, 15).

Die beiden Seiten einer Straße können zu verschiedenen *contrade* gehören, aber es bleibt dieselbe Straße, jede Seite ist der anderen ähnlich.

14
Siena, Karte der Gebiete der *contrade* und deren Fahnen

---

3 A. Dundes und A. Falassi, *La Terra in Piazza*, University of California Press, 1975

Für Sienesen bedarf die Tatsache, daß zwei *contrade* an einer Straße einander gegenüberliegen, nicht eines theatralischen Aktes, um das anzukündigen. Es ist allen bekannt, die hier geboren und in ihrer *contrada* getauft worden sind. Zur Zeit des Palio werden die beiden Straßenseiten durch Fahnen lebendig – jede mit ihrer eigenen Fahne, wie bei einem mittelalterlichen Turnier. Aber innerhalb von Tagen, nachdem der Palio ausgetragen wurde, oder manchmal innerhalb von Stunden, beim Tod eines Pferdes, vor der Austragung des Rennens[4], verwandeln sich die Straßen in ihr ungeschminktes Selbst zurück.

15
Siena,
die Gebäude
folgen den
Kammlinien

4 Auszug aus P.S., Palio-Tagebuch, August 1982:
Aktivitäten der „Giraffen" auf der *Piazza Provenzano*
Samstag, 14. August, 19.30 Uhr, abends.
Ging los, um zu den „Eulen" zum Contrada-Abendessen zu laufen. Fällt mit dem fünften „Testrennen" zusammen. Beim Versuch, an der Menschenmenge, die den *Campo* verläßt, vorbeizukommen, sehe ich ein furchtbar verletztes Pferd, dem geholfen wird (linkes hinteres Sprunggelenk fast vollständig durchtrennt). Später, denn die „Eulen" sind jetzt in der Nähe, gehen die „Giraffen" zur *Piazza Provenzano*. Alles ist ruhig im Hof der Stallungen, nur kleine Jungen sind von einem Eimer mit Blut und Wasser fasziniert. Mir wird langsam klar, daß wir das Pferd der „Giraffen" gesehen haben (das verletzte Pferd von vorher). Die ganze Straße ist zum Abendessen am Tisch des Hauptmanns auf dem Kirchenvorfeld vorbereitet. Alles ist verlassen. Männer fangen an, das Lautsprechersystem, die Lampen usw. abzubauen. Sie (die „Giraffen") sind nicht mehr im Palio. Alle sind sehr ruhig. Manche weinen still.
Montag, 16. August, Palio, 16.15 Uhr, nachmittags.
Die „Giraffen" marschieren mit eingerollten Fahnen zum Palio, ihre Trommeln sind schwarz bedeckt und werden mit langsamem Rhythmus geschlagen. Ein Edelknabe trägt die Überreste des Pferdes, die beiden Vorderhufe, auf einem Kissen, das Pferd des Hauptmanns ist gesattelt, wird aber nicht geritten. Bei der abschließenden Farbenzeremonie vor dem *Palazzo Municipale* wurde die Fahne der „Giraffen" nicht gezeigt, sondern, mit einem schwarzen Band eingerollt, nach unten gehalten.

In Siena scheinen die gewöhnlichen Straßen der Stadt und die im Inneren von *Santa Maria della Scala* liegende Straße dunkel, ohne Luft, uns gegenüber gleichgültig, unversöhnlich zu sein. Wir haben das Gefühl, daß wir nicht entkommen können.

Es könnte so scheinen, als ob die Sensibilität der Romantik für „die Aussicht" in diesem Jahrhundert ein alltägliches Bedürfnis geworden ist, das Bedürfnis, Ausschau zu halten, zu entkommen. Wenn wir vom obersten Stockwerk von *La Grancia di Cuna* hinausschauen, bemerken wir, daß sich unser Empfindungsvermögen, nach den Errungenschaften und den Beschränkungen der Renaissance, weiterentwickeln kann (16, 17).

Wir sind auf eine neue Ordnungsweise vorbereitet, die gewissermaßen „gotisch" ist, das heißt nicht komponiert, nicht theatralisch.

16
La Grancia die Cuna, Val d'Arbia, Grundriß 1.OG

Anmerkung

Räumliche Erfahrung ist nicht nur visueller Natur
In Siena kann man einfach wahrnehmen, daß eine räumliche Erfahrung nicht nur visueller Natur ist, wenn man von der engen Stadt in den Strand des *Campo* platzt. Alle möglichen Informationen stürzen auf den Körper ein.

17
Blick vom obersten Stockwerk von *La Grancia di Cuna* aus
auf die Landschaft im Osten

Die Empfänglichkeit für das Gotische begann in dem Augenblick wieder zu wachsen, als man in den fünfziger Jahren die ersten Erfahrungen mit amerikanischen Schnellstraßen machte – denen in New York, Boston, Los Angeles. Es wuchs die Erkenntnis, daß sie ein geographisches Faktum sind. Und nur durch sie hatten wir etwas zur Verfügung, das die moderne Stadt ordnen konnte, ein Bezugssystem, zu dem man mit allen Sinnesorganen in Verbindung treten kann (18, 19).

Die Beziehung zum Land, zu Hügelketten, zum Fluß, zum Meer wurde im Mittelalter mit allen Sinnen aufgenommen. Das führte zu einer Ordnung bei der Positionierung der Häuser und Wege. Diese Beziehung wird durch die „geographische Natur" der Schnellstraßen wiederhergestellt. Man sieht sie nicht, man lebt sie, auf die gleiche Weise, wie man mit dem Meer lebt. Sie haben ihre Jahreszeiten, Gerüche, Feste. Die Beziehung, die man zu ihnen hat, ist gotisch.

18
Die Umgehungsstraße von St. Alban scheint in diesem Foto wie ein Einschnitt in den darunterliegenden Felsen.

19
Kreuzung des Grand Central Parkway und
des Northern Boulevard, New York City

1990 wurden am Institute of Contemporary Arts in London unsere *Patio and Pavilion* wiederaufgebaut, die zuerst 1956 in der Ausstellung *This is tomorrow* in der Whitechapel Art Gallery gezeigt worden waren. Als man die Ausstellung nach so langer Zeit wieder sah, war klar, daß die Wiederbelebung eines Teils der gotischen Denkweise bereits begonnen hatte.

Bereits 1956 gibt es ein kleines Gebiet, das durch einen Pfad um den Pavillon strukturiert wird. Der Pfad hält die bunt gemischte Ansammlung zusammen. Eine Organisationsmethode, der wir seither, mehr oder weniger, folgten (20, 21).

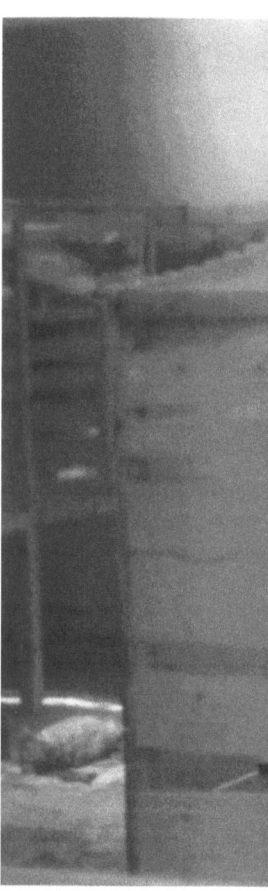

20
Patio and Pavilion, Ausstellungpavillon von 1956,
Rekonstruktion im ICA London, 1990.
A.&P.S. und der Pavillon als Reflexionen im Foto sichtbar.

21
Pation and Pavilion, Ausstellungpavillon von 1956,
Rekonstruktion im ICA London, 1990.
A.&P.S. und der Pavillon als Reflektionen im Foto sichtbar.

Wenn wir feststellen, daß ein Gebäude der *konglomeraten Ordnung* stirbt, wenn es nicht mehr als Arbeitsort genutzt wird, wenn dieses Abholen, Tragen, Arbeiten, Flirten nicht vorhanden ist, dann sind die Größe der Dinge, das Ausmaß des angebotenen Schutzes, die Aufweitungen, die Einengungen plötzlich stumm. Sie warten auf eine Aktivität, die all dies auf eine andere Weise benötigt.
Die Straßen in Siena sind Tatsachen, kein Theater: Wege verbinden dies mit jenem. Es gibt enge Durchgänge, die nichts stören sollte. Eingänge zu Wohnungen sind deswegen einfach Türen, flache Löcher in flachen Wänden. Schwellen werden jenseits der Gebäudeansicht überhaupt nicht markiert (22).
Aufweitungen der Straßen dienen der Durchfahrt. Sie folgen aller Wahrscheinlichkeit nach der Öffnung, an der ursprünglich der Feldpfad anschloß. Die Linie des Pfades ist das beständigste Element der städtischen Struktur.

22
Siena
Via di Stalloreggi
Blick auf *Due Porte*
Der Himmel ist ein enger Streifen

Aphorismen

„...ein *Janus* stellt gegenüber, ein *Konglomerat* verschmilzt."*
„Wenn seine Funktionen aufhören, stirbt das *konglomerate Gebäude*."**
„Karten und Modelle der Stadt Bath repräsentieren auf keine Weise ihre vielfältige Gegenwart, die Bindekraft des vielfältigen Bodens. Es muß deswegen eine *konglomerate Stadt* sein."
P.S.

* vgl. Alison und Peter Smithson, Italienische Gedanken. Beobachtungen und Reflexionen zur Architektur, Braunschweig/Wiesbaden 1996, S. 140
** vgl. Alison und Peter Smithson, Italienische Gedanken. Beobachtungen und Reflexionen zur Architektur, Braunschweig/Wiesbaden 1996, S. 116

Es ist unser plötzliches Verständnis dieser städtischen Tatsachen, was man als die Wiederbelebung eines Teils der gotischen Denkweise ansehen kann.

Seit mehr als dreißig Jahren sind wir über die stillgelegten Bahnrouten in Berlin verblüfft, die toten Brücken, die zugewachsenen Rangierbahnhöfe. Wir betrachteten sie immer als Tatsachen, die nach irgendeiner Reaktion verlangen (24).

1988 machten wir gemeinsam mit Martina Geccelli, einer mit Berlin vertrauten Architektin, eine Studie über diese Pfade. Eine Studie, die wir etwas romantisch *Wilde Wege/Wild Ways* nannten (23).[5]

23
Wilde Wege/Wild Ways, A.&P.S., 1988, Symbol

[5] *Wilde Wege/Wild Ways*, in: Daidalos 34, 15. Dezember 1989

24
Wilde Wege/Wild Ways, A.&P.S., 1988.
Fotografien des Wildwuchses auf den Gleisen
in den achtziger Jahren.

Sie erfaßte kartographisch alles, was die alten Pfade – die man als ein System grüner, wilder Wege auffassen kann – zweckmäßig versorgen, verbinden und zur Geltung bringen konnten (25, 26).

Die Wiederbelebung eines Teils der gotischen Denkweise bedeutet, daß man arbeiten kann, ohne in solchen „großen Systemen" denken zu müssen, daß man ein Gefühl entwickelt

> vom Fluß,
> von der Ebene,
> vom Becken,
> vom Bahn- und Straßensystem,
> vom Kanal- und Wassersystem,
> von den menschlichen Arrangements.

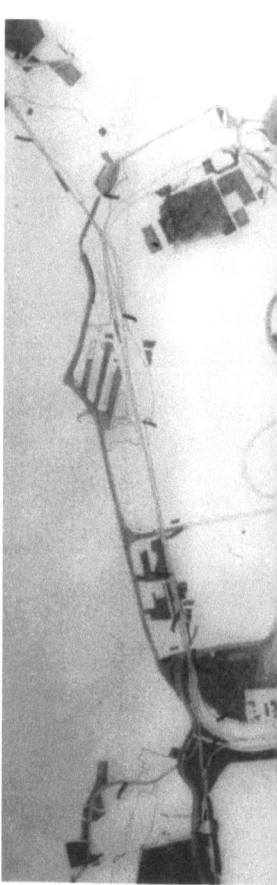

25
Wilde Wege/Wild Ways, A.&P.S., 1988,
Berliner Rangierbahnhöfe und
Grünflächen

26
Wilde Wege/Wild Ways, A.&P.S., 1988,
Berliner Rangierbahnhöfe und Grünflächen
in der Nähe des Gleissystems.

Es bedeutet, daß man sogar in die kleinsten Elemente von Dingen, mit denen wir Architekten umgehen, ein Gefühl von diesen Systemen einbaut: die Türen, die Schwellen.
Im Mittelalter durchdrang das Gefühl für das Land, das man durch Laufen, Reiten und durch die Arbeit kannte, alle mit dem Wohnen verbundenen Tätigkeiten.
Unser Gefühl für das Land und die „großen Systeme", die wir darauf errichtet haben, und die man jetzt durch Auto- oder Flugreisen, durch Statistiken, Karten aller Art, durch alte Fotografien, durch die zur Zeit üblichen fotografischen Mosaiken und Luftaufnahmen, durch Vogelschauperspektiven und Computermodelle kennt, kann sich auf neue Weise mit einer wiederbelebten „gotischen" Sensibilität verbinden, um alle unsere Aktivitäten zu durchdringen. Alle Zweifel, alle Schwierigkeiten, die wir haben können, ergeben sich aus der absolut materiellen Natur der „Gotik" in Verbindung mit der graphischen Natur der Informationen der neuen Quellen.

Anmerkung

Vergangene Fähigkeiten sind unzugänglich

Weil sich die Maschinen, der Verstand und die Hände verändert haben. Verloren sind die Techniken, die Sensibilitäten und die Fähigkeiten, die sie einst besaßen. Dafür wurden andere erlangt. Besonders unzugänglich ist die Gotik.
Die gotische Denkweise läßt sich natürlich nicht wiederbeleben: Das Herstellen einer Ordnung bedeutete etwas anderes, es hatte eine andere Logik. (27)

27
Meister der Tiburtinischen Sibylle,
Die Weissagung der Tiburtinischen Sibylle

Straßen und Reaktionen

Die grundlegende Handlung des Städtebaues ist die Initiierung räumlicher Prozesse.
Der *Royal Crescent*, am Ende des 18. Jahrhunderts an der zur Küste liegenden Seite von Brighton errichtet, ist auf das Meer und nach Süden hin ausgerichtet. Er war der erste Crescent, dessen Struktur bewußt auf den Ausblick und die Sonne eingeht (29).[1]
In Edinburgh entschied man sich dafür, das Tal zwischen der Altstadt und der Neustadt offen zu lassen (28).[2]
Beide Maßnahmen lösten räumliche Prozesse aus.

28
Edinburgh, der offengehaltene Raum zwischen der Altstadt und der Neustadt, ca. 1814, Blick von der Princess Street westwärts

1 *Royal Crescent*, 1798-1807
2 Die Trockenlegung des North Loch begann 1759. Craigs Plan für die Neustadt stammt aus dem Jahre 1767. 1781 war der St. Andrew's Square fertiggestellt. Starks Bericht, der mit der Theorie des Pittoresken arbeitete, stammt von 1814. (Daten aus A. J. Youngson, The Making of Classical Edinburgh, Edinburgh 1966)

29
Royal Crescent, Brighton.
Die Fenster der Südansicht skandieren das Meer
und lassen die Sonne herein.

Wenn man die Räume der für den Verkehr bestimmten Straßen in den Städten als Auslöser räumlicher Prozesse ansieht, dann könnte auf diese Räume, die Linienführung der Straßen und den Himmel über ihnen, eine Reaktion erwartet werden. Es geht darum, den räumlichen Prozeß, den das Straßensystem ausgelöst hat, zu verdichten. Aber der Verkehrslärm durchdringt alles und macht eine Reaktion schwierig; man muß erfindungsreich sein.

Zwei Erfahrungen
Erstens der Besuch des ehemals prachtvollen Landhauses von Sir John Vanbrugh aus dem 17. Jahrhundert, auf einem ansteigenden Gelände, etwa sechs Kilometer von einer deutlich sichtbaren Autobahn entfernt (Fahrzeuge, die wie winzige Objekte auf einer Bahn gleiten). Der an- und abschwellende Lärm war dennoch konstant. Der Besuch war ziemlich bedrückend, wenn man bedenkt, was das für Auswirkungen auf die Schuljungen hat, die sich in dem Gebäude Tag und Nacht aufhalten.

Zweitens das Erlebnis in der *Peabody Terrace* in Cambridge, Massachusetts, zu wohnen. Unterhalb verläuft eine dreispurige Straße entlang des Charles River. Wir wohnten dort zweimal, beide Male war es Winter, und die Fenster waren fest verschlossen.[3] Da der Lärm deswegen größtenteils ausgeschlossen war, bot der Fluß wegen der Ruderer und der zwei Straßen mit Autoverkehr (eine auf jeder Seite des Flusses) ein Schauspiel. Bei Tagesanbruch eine bestimmte Beleuchtung, eine Art von Stoßzeit des Verkehrs, in der Rush-hour eine andere Art; abends eine andere Beleuchtung und wieder eine andere Art von Verkehrsstrom.

Im Winter fror der Charles River von der einen bis zur anderen Seite zu (30). Ein weiterer Spielplatz, ein weiteres Schauspiel.

3 1975-1976 und nochmals kurz 1982 (zehntes und siebzehntes Stockwerk).
Siehe *Parallel Inventions*, ILA&UD Jahrbuch, Siena, 1982-1983. Es gibt dort Balkone mit ziemlich engen Türen, die sich darauf öffnen. Nützlich, so scheint es, vor allem als Fahrradabstellplatz und für Bierkästen.

30
Blick auf den zugefrorenen Charles River. Sowohl die Straße als auch der Fluß sind ein Schauspiel. Man achte außerdem auf die langen Schatten im Winter, die bis an die Brücke reichen.

Aber die Entfernung und die Höhe über der Straße waren beträchtlich. Die Geräusche wurden vermutlich teilweise durch dazwischenliegende, niedrigere Gebäude gedämpft. Es scheint, daß die Initatoren[4] der Anlage von *Peabody Terrace* jeglichem Lärm gegenüber gleichgültig waren (die Wohnungen in Straßennähe haben offene Balkone mit Räumen, die sich zu ihnen öffnen), aber dem Ausblick schenkten sie alle Aufmerksamkeit.

Allgemein gesprochen, findet in älteren Wohngebieten ein Rückzug in die umschlossenen Teile des Hauses statt. Diesen Rückzug verursachen der Lärm, der durch die Luft übertragen wird (von Fahrzeugen, Renovierungsarbeiten, Haushaltsmaschinen und Flugzeugen), sowie die Luftverschmutzung. Die kleinen Veranden und Vordächer in Amerika und die Vorgärten der englischen Reihenhäuser werden selten benutzt. Das ist nur zum Teil eine Folge des Besitzerwechsels und des veränderten Verhaltens auf den Straßen. Der stets vorhandene Fahrzeuglärm und die Wahrnehmung der Fahrzeugbewegungen machen die Räume an den Straßenfronten unbewohnbar.[5]

Daß man den weiter hinten liegenden Gebäuden den Blick auf den Fluß offen gelassen hat, ist eine noble Geste, die den stattlichen Raum des Charles River unterstreicht. Aber dabei hat man sich mit den Folgen der Lärmbelästigung nicht auseinandergesetzt (31).

4 Sert & Jackson
5 Weg von der Veranda, aus dem Garten, ins Haus. Ein Haus voller Sachen mit immer weniger Platz. Man sagt, in Japan sei der einzige Platz, der im Haus übriggeblieben ist, der im Kühlschrank. Vgl. Particularity: More Praise of Cupboard Doors, ILA&UD Jahrbuch, Urbino/San Marino, 1993-1994

31
Peabody Terrace, Cambridge, Massachusetts,
Sert, Jackson & Associates.
Blick vom River Charles aus

Die Trockenlegung des North Loch in Edinburgh im 18. Jahrhundert löste einen räumlichen Prozeß aus, auf den erst das 19. Jahrhundert reagierte. Die mit dem Bau städtischer Straßen im 20. Jahrhundert erfolgte Öffnung der Stadt löste einen räumlichen Prozeß aus, auf den die Reaktion erst noch erfolgen muß. Wenn der offene Raum, den diese Straßen erzeugen, den „Himmel hereinläßt", dann sollte alles, was die Kante dieses Raumes berührt, sich mit dieser Idee verbinden.

Die Architektur des Volumens - das gebaute Ereignis - muß in diesem Volumen ein Fragment dieses Zwischenraumes „mit sich tragen", auf die gleiche Weise, wie es in früheren Epochen ein Fragment der Straße oder des Platzes „mit sich trug". Zugleich muß die räumliche Anordnung des Zwischenraumes eine Andeutung davon besitzen, was es an seinen Rändern benötigt, um seine Bedeutung fortzusetzen. Die städtischen Autostraßen, der Himmel über ihnen und all das, was an ihnen liegt, greifen ineinander.

Wenn man es auf diese Weise betrachtet, bleibt der *Royal Crescent* in Brighton nur ein Gebäude. Ein räumlicher Prozeß wurde in Gang gesetzt, aber bei der Ausformung der städtebaulichen Struktur, die folgte, entwickelte sich nichts daraus (32).

32
Royal Crescent, Brighton.
Der amtliche Vermessungsplan zeigt die Cluster-Formation um Old Stein,
die das Meer ignoriert. Der *Royal Crescent* ist etwas davon entfernt
und reagiert Ende des 18., Anfang des 19. Jahrhunderts auf andere Anreize.

Markierungen entlang einer Linie

Die Linie der alten Bahngleise mit ihren mechanischen Signalsystemen und Leitungsmasten ging wie eine geordnete räumliche Markierung durch die Landschaft. Signalkästen, Wartungshütten, Stationen, Brücken und Stützmauern waren Teil eines konsistenten Vokabulars aus Konstruktion und Dekoration. Die Linie verdichtete sich in sich selbst. Die neuen Linien mit ihren elektrischen Signalanlagen und drahtloser Kommunikation verlaufen nicht auf diese Weise durch das Land. Sie brauchen Markierungen, die Linie und Land, Bewegung und Ereignis miteinander verbinden (34).

Eine Bahnlinie, die nach Urbino führte, ist kürzlich stillgelegt worden. Falls sie als Straßenbahnlinie wieder funktionieren soll, müßte sie neuen Zwecken dienen. „Eine Möglichkeit, die Bedeutung des Landes zu verändern, besteht darin, gebaute Markierungen darauf zu plazieren." Diese müssen groß genug sein, um die räumliche Wahrnehmung des Landes zu beeinflussen, und trotzdem angemessen erscheinen für das, was sie markieren (33).

33
Der zwölf Meter hohe Mast
wird durch ein bewegliches
Zeichen an der Spitze aktiviert.

34
Abbildung aus einem Flugblatt,
das 1991 in Urbino verteilt wurde.

Die bestehenden Bahnhöfe der alten Bahnlinie müssen aufgegeben, ein neues, dichteres Haltestellensystem muß angelegt werden, das aus „Haltestellen" (in Stadtzentren oder bei Universitätsansiedlungen) und „Umsteigestellen" besteht (dort, wo die Systeme zusammenkommen: Gehwege treffen mit Park-and-Ride-Systemen und Fußgängeranschlüssen der neuen Parkspuren der Autobahnen zusammen). (36)
Eine „Haltestelle" sollte durch einen einzigen Mast mit einem einfachen Bahnsteig markiert werden (35).

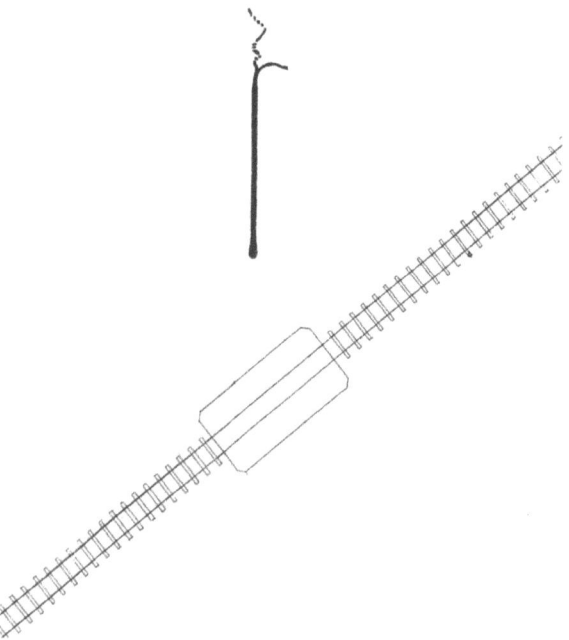

35
Ein Mast markiert eine „Haltestelle".

36
Diagramm der „Halte- und Umsteigestellen"
im Metauro-Tal in der Nähe von Canavaccio

Eine „Umsteigestelle" sollte durch einen aus solchen Masten gebildeten Kreis mit einem runden „Sammelbahnsteig" markiert werden (37).
Die Zeichen an der Spitze der Masten würden sich über die Bäume erheben und wären deutlich sichtbar, Rot gegenüber dem Grün der umgebenden Hügel (38). Wenn man über die Hügel der Gegend spazierengeht oder mit dem Fahrrad fährt, kann man die Verbindung der Linie mit den Aktivitäten auf dem Land durch die Masten der „Haltestellen" und der „Umsteigestellen" erkennen.

37
Ein Kreis aus Masten markiert eine „Umsteigestelle".

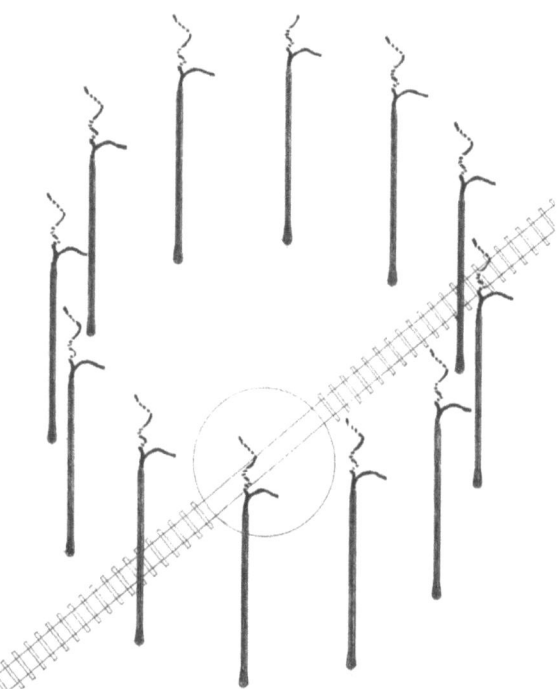

38
Die Position der „Umsteigestelle"
wird durch einen weißen Punkt gekennnzeichnet.

Pfade für das Territorium

Wenn die Autobahn um Canavaccio, ein Dorf in der Nähe von Urbino, führen wird, wird die Fahrbahn für den Durchgangsverkehr zu einer Straße. Um diese Veränderung zu unterstützen, wird vorgeschlagen, entlang der Kanten, an den Ecken, bei den Bars, an den Bushaltestellen – überall dort also, wo sich Menschen treffen – zusätzlich Bäume zu pflanzen; um schattige Bereiche zu bekommen, den Sinn für das Beschütztsein und die Fruchtbarkeit des Bodens zu verstärken, der unter der Straße liegt (40).
Auf der wieder aktivierten Bahnlinie wird eine „Umsteigestelle" für den Verkehr errichtet, den Dorfbewohner, Touristen und passionierte Wanderer verursachen (39).

39
Straße durch Canavaccio.
Die Fahrbahnbreite kann verringert werden,
und Orte, wo sich Menschen versammeln, erhalten Bäume.

40
Der Kreis, der die „Umsteigestelle" im Metauro-Tal
in der Nähe von Canavaccio markiert,
von dem neuen Fußweg mit den Akazienbäumen,
die sich auf den Seiten des Weges befinden, aus gesehen.

In dem hügeligen Gebiet, das hinter Canavaccio liegt und als „Park" betrachtet wird, muß Neues hinzugefügt werden, um den Fahrzeugen der Besucher einen besseren Zugang zu ermöglichen und auch, um deren Nutzung zu kontrollieren. Die alten Wege, die für Menschen und Tiere bestimmt waren und den Arbeitsprozessen auf dem Land folgten, sollen intakt bleiben. Es sollen neue Straßen für Autos und neue Fußwege angelegt werden, die den Besucherrouten folgen, mit schattenspendenden Bäumen und Trinkwasser an unauffällig angelegten Autoparkplätzen, wie bei den bestehenden Nationalparks (42).
Bestehende, ungenutzte Gebäude sollten unbewohnt bleiben. Sie sind ein wichtiges landschaftliches Charakteristikum dieser Gegend.
Die neuen Verkehrswege sollten aus Schotter sein, die Eingänge und die Brückenköpfe sollten durch jeweils zwei ausgehöhlte Türme markiert werden, um zu zeigen, daß es sich um Pfade zur Nutzung des Parks handelt.
Diese hohlen – im Grundriß hufeisenförmigen – Türme markieren die Route und bezeichnen Park- und Picknickgebiete (41).
Die offene Seite des Hufeisens ist nach Süden gerichtet. Die Form fängt Reflexionen der Oberfläche eines Wasserbeckens im Inneren des Sockels auf.

42
Übersichtsplan des Gebietes, der die neuen Wege zeigt

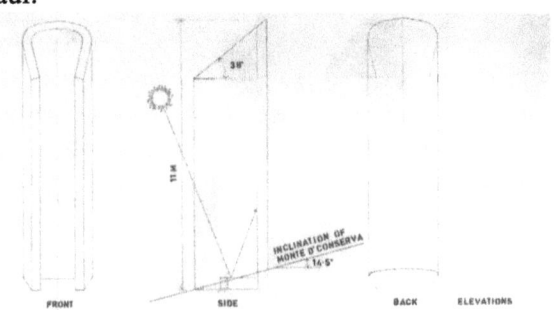

41
Ansichten der hohlen Türme, die als Markierungen für den Fahrzeugverkehr dienen.

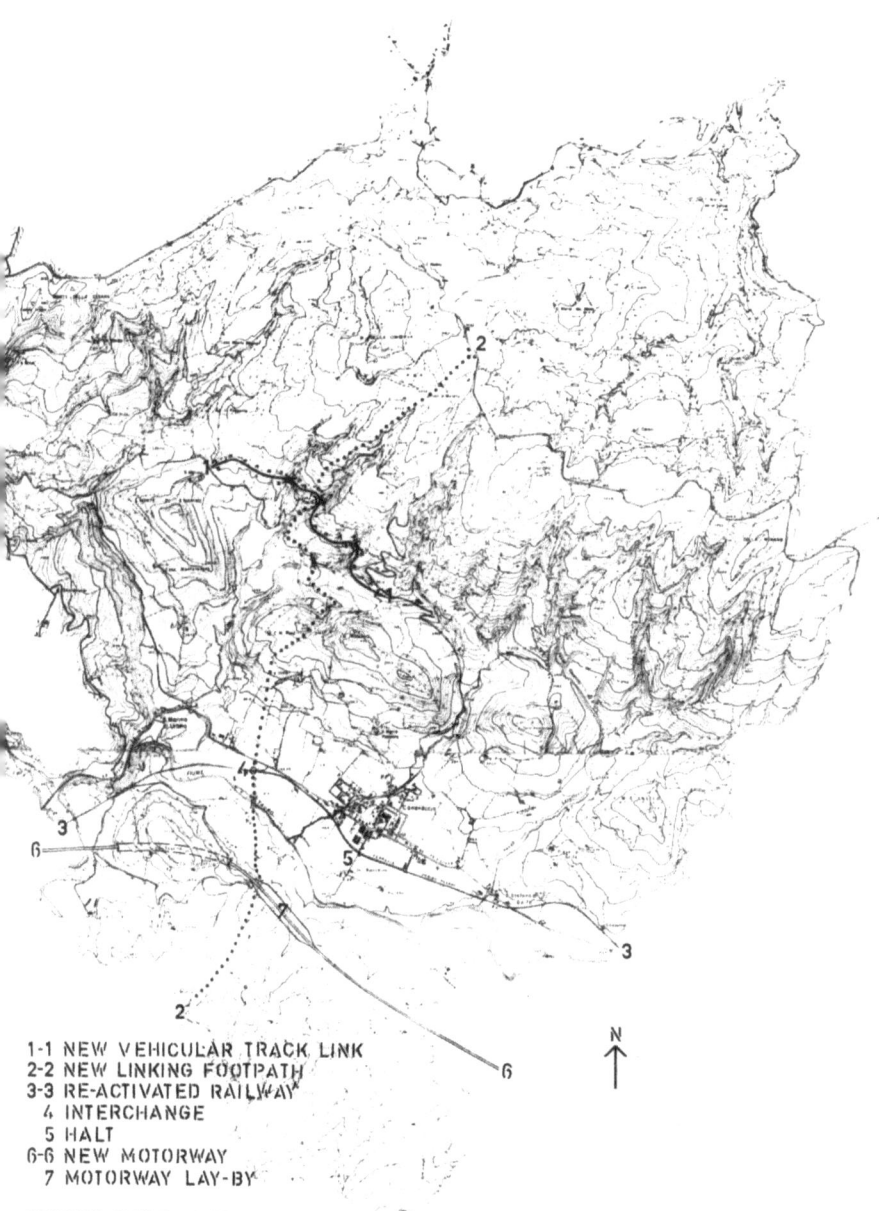

1-1 NEW VEHICULAR TRACK LINK
2-2 NEW LINKING FOOTPATH
3-3 RE-ACTIVATED RAILWAY
4 INTERCHANGE
5 HALT
6-6 NEW MOTORWAY
7 MOTORWAY LAY-BY

TRACKS FOR THE TERRITORY : SCALE 1:10,000 : P.S. 25:8:92

Himmel

Ein städtischer Raum läßt sich nie als umschlossener Raum bezeichnen, denn er hat den Himmel über sich (44).

Das Gefühl räumlicher Autorität, das der Himmel vermittelt, kann uns unvorstellbar bewegen. Man denke nur daran, wie der Canal Grande den Himmel nach Venedig hineinläßt. Dadurch nehmen wir, wenn wir mit dem Vaporetto fahren, irgendwie den weiteren Verlauf des Kanals wahr, das Wesen der Stadt und ihre Ausmaße (43).

Wir tragen das Gefühl dieser Himmelsfragmente mit uns. Sie sind ein wichtiger Bestandteil der Wahrnehmung der von Menschen geschaffenen Ordnung in einer Stadt.

43
Le Pont du Rialto, Canaletto
Bei der Fahrt auf dem Vaporetto
spüren wir den weiteren Verlauf des Canal.

44
Der Himmel über Rimini

Einige Beispiele

Als wir 1953 von Bloomsbury nach Chelsea zogen, lebten wir in einer Straße mit einer beeindruckenden Himmelsnähe. In dieser Straße, die damals wirklich frei von Autos war, wurde das berühmte Foto von Nigel Henderson, Eduardo Paolozzi und uns gemacht, auf dem wir auf Stühlen mitten auf der Straße sitzen (46).
Hier, in der Limerstone Street, hat der Himmel eine besondere Qualität. Es hat etwas mit der Form des Straßenraumes zu tun, mit dessen Definition durch kurze, gerade Gesimslinien und mit der Qualität des Lichts.[1]
Man fühlt diese Qualität jedesmal, wenn man durch die Straße geht.
Hier nimmt man den Himmel wegen des flachen Horizonts und der Offenheit der Straße wahr - und weil er durch ganz einfache Häuser und Schornsteine geformt wird (45).

E
PAOLOZZI

P
SMITHSON

45
Limerstone Street mit Schnee

1 Die Himmelsqualität ist mit Fotos kaum zu vermitteln. Ihre Materialität ist absolut.

46
Peter Smithson, Eduardo Paolozzi, Alison Smithson, Nigel Henderson in der Limerstone Street, Chelsea, 1956.
Wenige Autos, viel Licht.

Was wir in Edinburgh wahrnehmen, ist der Himmel über dem Tal des ehemaligen North Loch. Alles, was den Rand dieses Tals berührt, spitzige, kantige Dinge, scheint die Ränder gegen den Himmel zu halten. In einer Stadt, die „durch einen Fluß strukturiert" wird, nehmen wir Ähnliches wahr (47).²

Anmerkungen

Algier: Offen zum Himmel wie ein Mund oder eine Wunde.
„Die Liebe, die wir für eine Stadt empfinden, ist oft eine geheime Liebe. Alte umwallte Städte wie Paris, Prag und sogar Florenz sind in sich eingesperrt und begrenzen dadurch die Welt, die zu ihnen gehört. Aber Algier (wie bestimmte andere privilegierte Orte, z. B. Städte am Meer) öffnet sich zum Himmel wie ein Mund oder eine Wunde."
Albert Camus, Sommer in Algier, 1936

Edinburgh: Die *Gärten der Princess Street*
„In Edinburgh bilden die *Gärten der Princess Street* ein traditionelles Loch in der Stadt, immer offen. Es war ein Loch mit Wasser und für Dienstleistungen entlang der Altstadt, und es wird immer noch für Dienstleistungen benutzt. Wir kommen auf einer tieferliegenden Ebene mit dem Zug an. Eine Ebene höher kann man in den Gärten spazieren. Das Loch ermöglicht es uns, die Burg von Edinburgh zu sehen. Es hat einen architektonischen Rahmen um sich, wie den Rahmen eines Bildes." A.S.

2 vgl. Alison und Peter Smithson, Italienische Gedanken. Beobachtungen und Reflexionen zur Architektur, Braunschweig/Wiesbaden 1996, S. 90

47
Himmel über der Princess Street in Edinburgh

Durch das kontinuierliche Himmelsband, das durch die Stadtautobahnen geöffnet wird – durch die Dinge, die in die Stadt kommen und sich mit deren Rändern verbinden –, wird eine Himmelsstruktur offengelegt, die wie das Kinderspiel „Fäden abheben" mit der Stadt umgeht. Ein Effekt, der vielschichtiger ist als die weiten Ausblicke auf den Himmel, die Olmsted[3] durch Parkwege im letzten Jahrhundert in die Stadt einführte (48).
Zu den Eigenschaften von Gebäuden der *konglomeraten Ordnung*[4] gehört es, mit dem Himmel zu kommunizieren. Wir haben damit eine architektonische Ordnung, die die Verbindung zwischen Gebäude und Himmel bestimmen kann.
Der Himmelsraum über der Stadtautobahn ist schließlich etwas, das wir auf die unterschiedlichste Weise wahrnehmen: als Beifahrer, als Fahrer, beim Gehen durch die Stadtteile, auf den Oberdecks der Busse, auf dem Rücken liegend durch die Fenster des Rettungswagens.

3 Olmsted entwarf den Central Park in New York. Er war der Erblasser von Parkwegen als Mittel zur Stadtstrukturierung, und er entwickelte die Richtlinien für die Planung von Soldatenlehranstalten zur Bewirtschaftung von Bodenlehen, z. B. von Cornell, nach dem amerikanischen Bürgerkrieg. Nach Jefferson ist er der einzige nennenswerte amerikanische „Architekt".
4 „...alle Fassaden sind gleichermaßen von dem, was vor ihnen liegt, in Anspruch genommen; das Dach ist eine weitere Ansicht." Alison und Peter Smithson, Italienische Gedanken. Beobachtungen und Reflexionen zur Architektur, Braunschweig/Wiesbaden 1996, S. 116

48
Der Himmel über einer Stadtautobahn.
Die Autobahn öffnet die Stadt zum Himmel.
Durch den Himmel nehmen wir das Wesen der Stadt wahr.

Verbindungselemente

Holland von obe[...]

Wenn man mit dem Zug durch die Beneluxländer fährt, bemerkt man den Zusammenhalt, der durch die gebräuchlichen Einzelwohnhäuser entsteht, indem sie mit ihren Giebeln zur Straße angeordnet sind wie die Zähne eines primitiven Kamms. Der Raum schlüpft zwischen die Zähne und verbindet das dahinterliegende Land mit dem davorliegenden.

In seiner ältesten Form verknüpft dies Land, das gelagerte Getreide, die Vorräte, die Menschen mit dem Kanal oder mit der Erschließungsstraße und so mit der Stadt (49).

Eine Art der Verbindung, die ganz anders funktioniert als die Gehöfte in der Po-Ebene. Diese unterbrechen, in größeren Einheiten verteilt, den endlosen Raum des bestellten Landes.

Das waren die räumlichen Verbindungsmuster, als Grundbesitz und Landwirtschaft vorherrschten. Reisende, die von einem Verbindungsmuster zum nächsten kamen, nahmen es damals fast als Zweck der Reise wahr, Unterschiede zu empfinden.

Anmerkung

Die Prägung eines Territoriums ist der grundlegende, den Stil einer Epoche begründende Akt. Auf dessen Ausführung müssen wir all unsere Anstrengungen legen - unsere Untersuchungen, wissenschaftlichen Erkundungen, das Testen, die Spracherfindungen. Durch diesen Akt beginnen wir, das Territorium zu einem bewußten Kunstwerk zu machen.

Man kann heute überall in den von Apparaten beherrschten Teilen der Welt beobachten, daß die alten dichten Stadtkerne und Städte ihre Dichte verloren haben. Sie gewannen offenen Raum, weil neue Zubringerstraßen sie durchpflügen und Durchbrüche für Licht, Luft und Ausblicke geschaffen wurden.

Die Einwohner sind in die Vororte gezogen. Sie fahren mit dem Auto zur Arbeit, zur Schule, zur Kirche, ins Krankenhaus, zum Arzt und vor allem zum Einkaufen in entferntliegende Einkaufszentren – riesige, versiegelte Fabriken mit Banken, Buchläden, Restaurants, Kinos und Tankstellen.

In den Vororten sind die Straßen das vorherrschende Verbindungsmittel. Die Bewohner haben sie so verinnerlicht wie früher die alten Muster, die durch die Felder entstanden.

Straßen und Wege gehören zu den dominanten Elementen der Erinnerung. Reisende bemerken Unterschiede in der Anordnung und der Ausführung der Straßen. Es ist jedoch ein oberflächlicher Unterschied. Der ausgelöste räumliche Prozeß schafft es nicht, einen Austausch mit den Dingen zu finden, die sich daraus ergeben.

Als die Landwirtschaft noch das Bild bestimmte, aß und trank man gleichsam das Land und spürte so die Jahreszeiten.

50
Territoriale Verbindungselemente, Zäune.
Bild aus einem amerikanischen Magazin der fünfziger oder sechziger Jahre.

51
Toskanische, landwirtschaftlich genutzte Landschaft.
Das Säumen der Straße mit Bäumen als bewußte Maßnahme, um
das Tal , die Straße, die Häuser und die Bewohner
miteinander zu verknüpfen.

Was man jetzt ißt und trinkt, kommt teilweise, sogar meistens, von weit entfernten Orten, losgelöst von den Jahreszeiten des Ortes, an denen es verzehrt wird.

Wenn man behauptet, daß der durch die Straßen ausgelöste räumliche Prozeß keinen Austausch mit den Dingen findet, die daraus folgen, meint man einfache Dinge. Die Straße ist laut, man muß sich vor dem Lärm schützen. Das Bedürfnis nach abgeschiedenen Gebieten, nach einer Ästhetik der Abgeschiedenheit, ist wichtiger. Die Landschaften, die jetzt in Europa brachliegen, zum Teil ohne Getreide oder Tiere, müssen eine andere Form annehmen, um diesen neuen Formen der Besiedlung angepaßt zu werden. Vielleicht kann so der Verlust der Individualität auf anderen Gebieten – etwa bei der Ernährung oder der Kleidung – ausgeglichen werden.

So wie die Architekten der zwanziger Jahre den Wohnungsbau ins Zentrum ihrer Arbeit rückten, muß jetzt die Schaffung von Zwischenräumen in den Vororten im Zentrum unserer Bemühungen stehen. Als einfache Beispiele für Verbindungselemente seien Zäune, Feldmauern, Straßen, Pfade, Baumreihen, Baumgürtel oder Versorgungslinien genannt, die ein spezifisches territoriales Muster ergeben können (50-55).

52
Straße in der Nähe
des Berges Ätna, Sizilien.
Vermutlich die Arbeit eines
Denkmalpflegeverbandes.
(„Ein Pikionis-Weg zur Lava.")

53
Pipeline bei Larderello, zwischen Siena und dem Meer, Italien.
Diese wärmeisolierten Pipelines transportieren Wasserdampf von
natürlichen, unterirdischen Quellen (mit penetrantem
Phosphorgeruch) zu Kraftwerken.

54
Linie aus Bäumen und Baumgruppen
des *Cornell-Universitätscampus*.
Die Baumlinien verbinden die desperaten Gebäude des
Campus mit dem Territorium.

Anmerkung

Das sind aber nicht die einzigen Bäume.

In Asturien sind viele Exemplare des australischen Eukalyptus gepflanzt worden. Er ist dort im 19. Jahrhundert eingeführt worden. Dicht gepflanzt wachsen die Bäume gerade; ihr Holz wird bei Grubenstützen in den Minen verwendet und dient zur Papierherstellung. Die Eukalyptusplantagen sind ein starkes territoriales Verbindungselement.
Die Minen werden langsam geschlossen, aber Papier wird jetzt außergewöhnlich viel benutzt, so daß der Eukalyptus eine nützliche Pflanze bleibt.
Sollte unter diesen Umständen eine neue Baumanpflanzung und eine neue Ausformung der Plantagen in Betracht gezogen werden, die vielleicht für die Papiererzeugung günstig ist, aber grundsätzlich den Niedergang der Gruben und ein konsequentes Überdenken der Natur des Landes signalisiert, die jetzt ein Aktivposten der Provinz ist?

55
Straße in Santa Monica, Kalifornien,
mit den charakteristischen hohen Versorgungsmasten
und hohen Palmen

Viel schwieriger ist der Begriff der territorialen Besonderheit, der durch den von innen nach außen projizierten Raum entsteht.
Es ist einfach zu behaupten, daß die Gebäude von Mies van der Rohe den Raum, der sie umgibt, in sich tragen. Das ist eine wahrnehmbare, aber höchst mysteriöse Angelegenheit (56).
Man kann es als Überdauern der mittelalterlichen Ordnungsweise interpretieren, als Ergebnis der gotischen Denkweise. Mies' Bauten scheinen den sie umgebenden Raum aufzuladen, sie erzeugen Territorien.
Seine lange währenden Überlegungen galten dem Arrangieren und Umarrangieren des Raumes zwischen den Gebäuden. Es handelte sich nicht um ein visuelles Spiel, und dieser Prozeß lief nicht bewußt ab. Vielleicht überrascht es nicht bei einem Mann, der aus Aachen kommt, daß die alte Vorgehensweise in ihm fortdauerte.
Eine Verbindung als Folge des Zusammentreffens solcher metaphysischer Räume zu erreichen, wäre ein wirklicher Gewinn.

56
Neue Nationalgalerie Berlin, 1962-1968, Mies van der Rohe.
Es wurde behauptet, daß in bestimmten Gebäuden von Mies der
Außenraum im Innenraum enthalten ist. In den späten neunziger
Jahren bleibt hier trotz neuer Gebäude, die in die Nähe kamen,
eine Kontrolle über den Außenraum erhalten.

Zum Begehen gemacht

Um es als grobe Antithese zu wiederholen: Die städtebauliche Ordnung der Renaissance war eine Ordnung der Form, die des Mittelalters eine Ordnung lebendiger Arrangements. Die Straße wurde zum Begehen gemacht, der Marktplatz zum Abhalten eines Marktes, die Tenne zum Dreschen, die Schafhürde zum Schutz der Schafe (58).
Das Errichten dieser Orte, zu einer Zeit der Menschheit, als man nur Handwerkzeuge hatte, war so anstrengend, daß jeder Akt den größtmöglichen Nutzen erbringen mußte. Für den allgemeinen Gebrauch bestimmte Baulichkeiten – Bauernhof, Scheune, Mühle, Kornspeicher, Herrenhaus, Bastion, Festung, Stadtmauern und Tore – mußten deswegen beides sein: sie selbst und Teil der Ordnung des sie umgebenden Territoriums, um den angrenzenden Räumen Nutzflächen anzubieten, häufig noch bevor diese Nutzung vollständig verstanden wurde. Sie besaßen die Fähigkeit, den sie umgebenden Raum mit einer Energie aufzuladen, die sich mit anderen Energien verbinden konnte. Dadurch wurde die Natur künftiger Dinge beeinflußt, und kommende Ereignisse wurden vorweggenommen (57). Gebäude und Außenräume wurden auf diese Weise füreinander selbstverständlich. Sie benötigten nur noch eine Aktivität, um das Gefühl einer Einheit zu vervollständigen.

57
Case di Borgo.
Gebäude und Außenräume scheinen zusammenzugehören, sie benötigen nur eine Aktivität, um eine komplette Einheit zu bilden.

58
Wartefläche für Esel in Midoun, Tunesien.
Esel und Karren warten auf die Rückkehr ihrer Besitzer vom Markt.

Es könnte scheinen, daß eine „räumliche Aufladung", die die Natur der Ereignisse beeinflussen kann, nichts ist, was einen Ort auf die gleiche Weise hochspezifisch machen kann, in der eine Maschine besonders spezifisch sein muß. Aber es gibt wenige Aktivitäten, die auf diese Weise spezifisch sind: beispielsweise ist der Marktplatz üblicherweise ein mehr oder weniger flacher, gut geschützter Raum. Aber in Leiden finden wir einen Markt (59), der mit den Rückseiten der Marktstände an beide Seiten eines Kanals grenzt und über zwei holprige Brücken dieses Kanals führt, um einen Kreis aus Ständen zu bilden: Stände mit der Rückseite zum Wasser, zur Anlieferung der Handelsgüter. Die Vorderseiten der Stände liegen den dauerhaft bestehenden Läden gegenüber und erzeugen an Markttagen auf beiden Seiten des Kanals eine Straße. Wenn kein Markt ist, scheint der Raum diesen weder zu vermissen noch seine Gegenwart nahezulegen. Wir nehmen keine besondere räumliche „Marktaufladung" wahr. Die primäre Quelle der räumlichen Aufladung ist hier natürlich die Kante des Kanals. Denn eine Kante, besonders eine Uferkante, scheint alles in eine Flucht zu bringen: Häuser, Menschen, Marktstände, Fahrzeuge. Es ist ein Magnetismus der stärksten Art.[1]

---

[1] „...Ferner: Wenn ein Tempel entlang von Flüssen gebaut wird, so wie in Ägypten am Nil, muß er, wie es scheint, zu den Flußufern gerichtet sein. Ähnlich sollen die Göttertempel, wenn sie an öffentlichen Straßen stehen, so ausgerichtet sein, daß die Vorübergehenden sie beachten und beim Anblick ihre Ehrerbietung erweisen können."
Vitruv, Zehn Bücher über Architektur, Buch IV, Kapitel V, Paragraph 2, Darmstadt 1964, S. 191

59
Markt in Leiden

Ein Straßenrand übt einen vergleichbaren Magnetismus aus. Häuser liegen daran, Fabriken reihen sich daran auf, Bäume folgen der Straße, ganze Gemeinden werden daran entlanggeführt. Es ist sowohl eine Richtung als auch die Quelle der Verbindung. Die Straße ist die einzige akzeptierte Gemeinsamkeit. Wir zahlen freiwillig dafür, wir nutzen sie uneingeschränkt, unsere Freizeitvergnügen sind damit verbunden.
Es gibt Literatur darüber, eine ganze Mythologie davon. Sich von der Straße zu entfernen bedeutet in unserer Zeit, sich vom Licht zu entfernen.
Um unseren Zugriff auf diejenigen Mittel zu verstärken, die einen Teil der gotischen Denkweise wiederbeleben, müssen wir lernen, dem Magnetismus der Kante (60) zu widerstehen, wir müssen lernen, ohne ihn zurechtzukommen. Wir müssen es schwierig machen, an einen Ort zu gelangen.

Anmerkung

Jean Prouvé

Sieht man das Werk von Jean Prouvé in all seiner erstaunlichen Produktivität, wie es 1992 für die Ausstellung im Centre Pompidou zusammengestellt worden ist, so drängt sich ein überraschender und völlig unerwarteter Gedanke auf: der Erfindungsreichtum und die Großzügigkeit der Idee stehen im Mittelpunkt der Arbeit. In ihrem Kontext betrachtet, scheint jede Arbeit oder jedes Fragment weder seine Energie auf den Rest des Gebäudes (wenn die Arbeit nur ein Teil eines Gebäudes ist) auszustrahlen noch den Kontext zu bereichern (wenn es ein komplettes Gebäude ist). Prouvés Gebäude sind nicht großzügig, scheinen sich von ihrer Umgebung zu isolieren, stehen unbequem da, sind nicht in der Lage, sich zu verbinden.
Sie unterscheiden sich ziemlich von einem Flugzeug, das, wenn es landet, natürlich auf dem Gelände zu sitzen scheint, mit ihm eins ist, es bereichert. Deshalb ist die Frage nicht die, ob die Gebäude aus Metall gemacht sind.

60
Collage *Battlebridge Basin*, 1972

In Athen spüren wir, wie Rom die raumschaffende Denkweise der eigentlichen Antike auslöschte. Der Gedankengang, die Arbeitsprozesse, welche die Tempel entstehen ließen, sind wahrhaftig unzugänglich. Unser Entwurf für das *Akropolis-Museum* im archäologischen Park von Athen[2], folgte Pikionis[3] darin, „die Dinge" für Autos und Busse, die sich zum geheiligten Gelände hinaufzwängen, „schwieriger zu machen". Zu diesem Zweck wurde die derzeitige Hauptdurchfahrtsroute am Fuße der zwei Theater, an der Südflanke der Akropolis (Areopagitou-Straße) am Ende für den Fahrzeugverkehr gesperrt. Sie wurde zu einer Fußgängerpromenade, von der einen bis zur anderen Seite für Fußgänger gepflastert. Am westlichen Ende wird diese Promenade mit dem bestehenden Pfad von Pikionis verbunden, dort, wo dieser die beibehaltene Fahrzeugroute kreuzt (Rovertou-Galli-Straße). Eine Abzweigung des Weges von Pikionis führt zum Fuß des Anstiegs zur Akropolis, und dort verbindet er sich mit dem Weg zur Agora und zur Plaka. Die andere Abzweigung geht durch die Linie der alten Stadtmauer und führt von dort zu den Überresten der Pnyx. An dieser Abzweigung des Pikionis-Pfades nehmen wir unseren „Eingriff" vor. Direkt außerhalb der alten Stadtmauer schlagen wir einen neuen Pfad vor, der den bestehenden Pfad von Pikionis mit Bus- und Autoparkplätzen verbindet, die sich entlang der bestehenden Tangentialstraße befinden. Diese Parkplatzanlagen sind von der Akropolis aus unsichtbar (61).

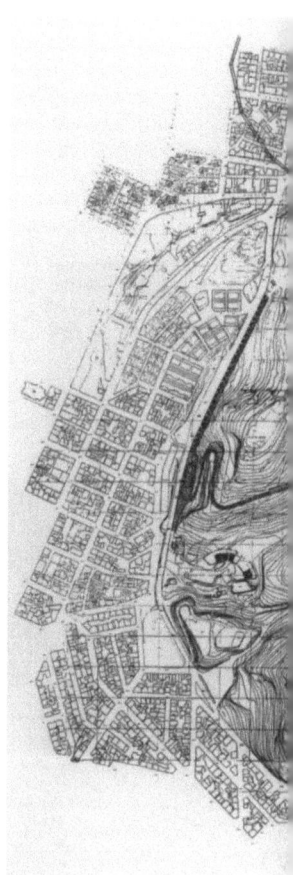

2 „Archäologischer Park" ist eine zutreffende Beschreibung der Gebiete des Altertums, da die freigelegten Gelände, so nackt und staubig nach dem Bürgerkrieg, anschließend an den Zweiten Weltkrieg, jetzt buchstäblich Parks sind, mit Bäumen und Fußwegen von einer zur anderen Grabungsstätte.

Lageplan des archäologischen Parkes von Athen mit dem *Akropolis-Platz*

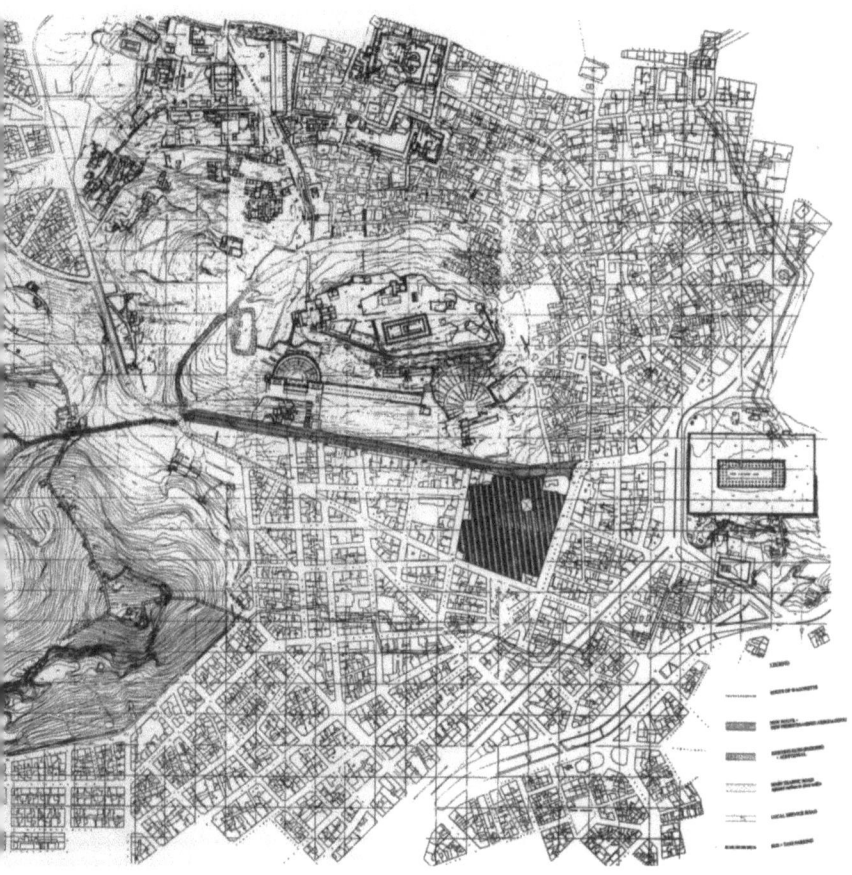

„In jener Zeit, als man viel redete, aber kaum Taten folgten – die mageren fünfziger und sechziger Jahre, in denen einem das Denken verübelt wurde –, nutzte Pikionis jede Möglichkeit, die ihm angeboten wurde, um zu bauen. (Architekten wie Alberti werden wahrscheinlich wenig Möglichkeiten gegeben.) Bei jedem Projekt arbeitete er einfühlsam und auf eine höchst künstlerische Weise, indem er Gegenstände aus der neoklassizistischen Müllhalde nahm und sie neu zusammenstellte – ein paralleles Phänomen zu Nigel Hendersons und Eduardo Paolozzis Interesse für das As-found –, um eine Verbindung zwischen dem demolierten alten und dem verstopften und verrauchten „neuen" Athen herzustellen." A.S.

Von diesen Parkplatzanlagen aus steigt der neue Pfad zum Kamm gegenüber der herkömmlichen Route zur Akropolis. Wenn man auf ihm in der Stille der Bäume und Felsen entlanggeht, sieht man, unerwartet schnell, durch die Bäume die Westseite des Parthenon, anscheinend überraschend nah, im Raum schwebend (62).

Mit diesem verlängerten Pfadsystem, das nur eine einzige Fahrwegkreuzung hat, können fast alle Überreste der griechischen Antike zu Fuß besichtigt werden. Das wertvollste Geschenk dieser Anordnung ist, daß sie ein gewisses Gefühl von der Fortbewegungsgeschwindigkeit in der Antike vermittelt.[4]

Das *Akropolis-Museum*, das an diesem Pfad liegt, schenkt der gehenden Person dieselbe Aufmerksamkeit („Information, die durch die Füße übermittelt wird"). Die Ausstellungsplattformen sind selbst leicht geneigt, man erreicht sie von oben oder unten über steiler geneigte Pfade. Man hat Pausen und Zeitabstände zwischen den Ausstellungsgegenständen auf den verschiedenen Plattformen. Das Volumen der Hülle ist groß, so daß man nicht zusammengedrängt wird, sondern Raum für volle Aufmerksamkeit und zur Besinnung hat (63).

4 In Griechenland ist der Boden so unregelmäßig, daß jede flache oder kontinuierlich Oberfläche selbst eine magische Sache ist, und sie scheint sich nicht zu verändern. Eher scheinen sich die Gebäude in Verhältnis dazu zu ändern.

6
Akropolis-Platz
A.&P.S.
Isometrie des oberen Niveau mit den Plattformen und den Verbindungsrampen

62
Die Akropolis,
von Pikionis Teehaus
aus gesehen.
Die Westseite des Parthenon
scheint erstaunlich nah, im
Raum schwebend.

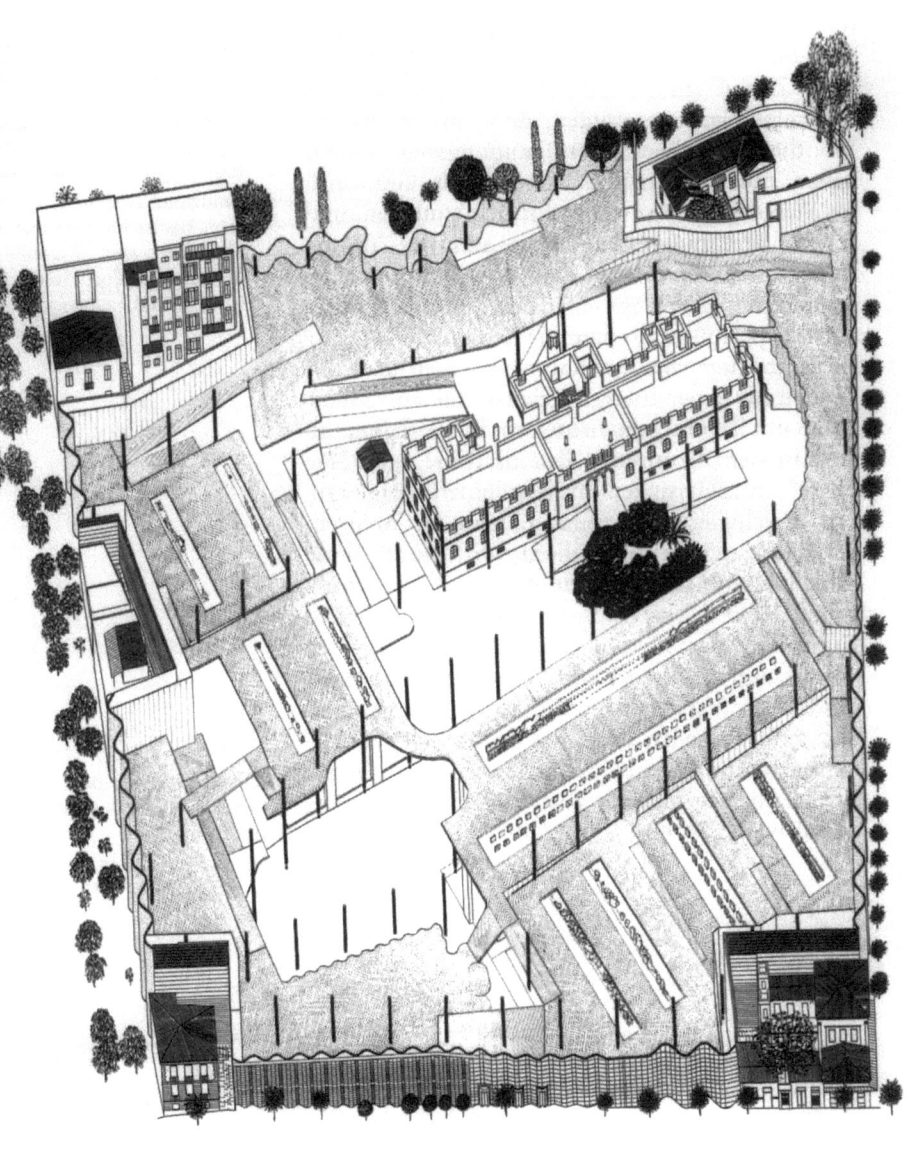

Dies ist ein Entwurf, bei dem die Pfade ein primäres Organisationsmittel sind. „Die Wege eines *Mat-Buildings** müssen wie Flüsse sein. Wo es einen Zufluß gibt, hat die Natur die Uferseiten unterschiedlich ausgebildet, ihr Profil verändert. Wo die Menschen einen Landungssteg gebaut haben, muß er geschützt werden. Ein Grat wird ins Wasser gebaut, um den Strom abzuleiten, und so geschützt finden der Zugang und der Abgang statt. So ist auch bei den *Mat-Buildings* die Ausbildung der Wege ein primärer Übermittler von Körperinformationen für den Nutzer."[5]

Im Mittelalter war der Raum zwischen den Gebäuden mit einer Energie geladen, die auf „Menschen mit Tieren" einwirkte, um ihr Verhalten zu beeinflussen. In unserer Zeit muß die „geladene Leere" auf „Menschen mit Maschinen" reagieren. Das ist schwierig zu erreichen, denn der Mensch, der die Maschine kontrolliert, wird durch diese Maschine von den Signalen der räumlichen Aufladung isoliert. Die Kraft der Maschine gibt ihrem Kontrolleur ein Gefühl der Allwissenheit – er könnte und wird den Einfluß von außen ignorieren. Dies legt nahe, daß, wie bei diesem Akropolis-Entwurf, dort, wo feinfühlige Verhaltensmuster durch eine räumliche Aufladung angezeigt sind, der Mensch von seiner Maschine getrennt wird (64, 65).

[5] A.S., Mai 1991
* A.&P.S. zählen zu *Mat-Buildings* Gebäude wie die *Freie Universität Berlin* von Candilis, Josic, Woods, 1963, und Le Corbusiers (nicht realisiertes) *Hospital in Venedig*, 1965. Vgl. Alison und Peter Smithson, Italienische Gedanken. Beobachtungen und Reflexionen zur Architektur. Braunschweig/Wiesbaden 1996, S. 20f.

64
Akropolis-Platz,
A.&P.S.
Süd-Nord-Schnitt bis zum südlichen Hang der Akropolis,
erweitert

Anmerkung

Die Annäherung an die Akropolis
Man könnte sagen, daß man sich
Florenz in einer von Pferden gezogenen Kutsche,
dem Eiffelturm in einem Zug,
New York in einem Boot
und der Akropolis zu Fuß
nähern sollte.
Auf jeden Fall ist der massive Verkehr, die Reihe von Touristenbussen, wenn man sich dem Anstieg zur Akropolis von der Stadt aus nähert, eine Beleidigung. Dadurch wird es schwer, irgendetwas von deren heiligem Anfang oder ihrer romantischen Vergangenheit zu spüren. Sie ist in Gefahr, ein weiterer beliebiger Konsumartikel zu werden.

65
Akropolis-Platz, A.&P.S., Süd-Nord-Schnitt,
mit überarbeiteten Masten und Kabeln

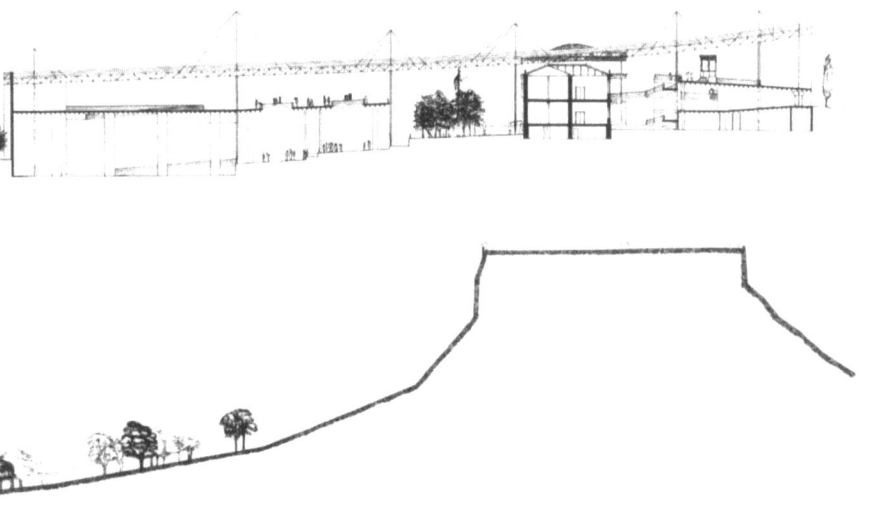

Anmerkung

Das Studierzimmer des Heiligen Hieronymus
„Die Zeitlosigkeit dieses Ideals findet sich in vielen Bildern des Studierzimmers des Heiligen Hieronymus wieder (66). Wie das Studierzimmer von den Malern dargestellt wurde, enthält es alle erdenklichen Annehmlichkeiten: kühles Wasser, eine wohlgeformte Waschschüssel, ein frisches Handtuch, blühende Blumen, Vögel und Tiere als Freunde des Menschen, Bücher, Schreibmaterial, Schränke, Orientteppiche, warme Kleidung, Wein. Es gibt ein paralleles Phänomen beim anderen Hauptthema der Malerei der Renaissance, bei dem auffallend perfekter Funktionalismus die häusliche Szene regiert: die Verkündigung (67). Die gestochen klare Darstellung der Szene vermittelt häufig den Eindruck, als blicke man in Wasser oder in einen Kristall. Die dargestellten Räume gehören zu den einfallsreichsten Schöpfungen der Renaissance. Sie sind ganz sonderbar frei von der klassischen Symmetrie und dem klassischen Ordnungssystem – als ob das Gedankengut der Gotik bei diesen beiden Hauptthemen – Hieronymus und Verkündung – weiterregieren dürfte...".

Die Verkündigung
Francesco
Giorgio Marti

Alison Smithson, Hieronymus: Die Wüste, Das Studierzimmer, Lauenförde 1990, S. 11f.
Dieser Teil des Textes wird von *Der Heilige Hieronymus in der Wüste*, möglicherweise eine Arbeit eines Schülers von Giovanni Bellini, um 1480, illustriert.

66
Der heilige Hieronymus in seinem Studierzimmer,
Antonello da Messina,
1456-1460.
Die wahrscheinlich bekannteste Darstellung des Studierzimmers, peinlich genau und geheimnisvoll ausgestaltet, spannt den Bogen zwischen der Vorstellung der Gotik und der der Renaissance.

Der Magnetismus der Kante

Es scheint ein Kraftfeld zu geben, das Dinge parallel zu einer Kante anzieht: die Kante der Straße, des Flusses, des Kanals, des Hafens, in der Tat alles, was eine klar definierte Grenze hat.
Ein Kind, das am Hafen entlangläuft, folgt der Kante, wie von einer Magnetbahn auf Kurs gehalten.
Es ist natürlich eine Binsenweisheit festzustellen, daß jede starke geometrische Form von einem unsichtbaren Kraftfeld, mit unterschiedlicher Gestalt für jede Form, umgeben ist. Das ist der Grund dafür, warum bestimmte Formen nicht neben anderen Formen existieren können, weil ihre Kräfte auf eine nachteilige Weise kollidieren (68, 69).

6
Battlebridge Basin
A.&P.S., 197
Luftaufnahme m
neuem Gebäud

68
Battlebridge Basin, A.&P.S., 1972.
Ansicht des neuen Gebäudes von Westen, vom Wasser aus, mit den Spiegelungen im Wasser.

Das Kraftfeld von Gewässerkanten scheint besonders stark zu sein, wie die folgenden Beispiele zeigen:

Ein Deichhaus steht parallel zum Deich.

> In den Niederlanden gibt es, auf den alten Dämmen der Kanäle, kleine Deichhäuser aus Ziegeln. Häufig hängen sie, wegen ihres Alters oder der Geländeansiedlung, in einem anscheinend gefährlichen Winkel über, aber sie bleiben parallel zum Kanal (71).

Die Gebäude am Anlegeplatz stehen parallel zum Dock.

> Da die Gleise der Kräne und die Eisenbahngleise parallel zur Dockkante liegen, scheinen die Gebäude der Kante natürlicherweise zu folgen.

7
Deichhaus in
Enkhausen
Holland
Blick von einer
Brücke

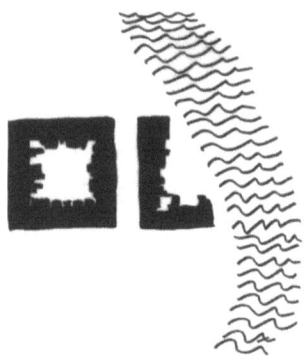

70
North und *South Parade*, Bath. Der erste Abschnitt, der vom klassischen Bath gebaut wurde (1740-1748).

Arbeitshypothese

Ein Beweisbeispiel: Im 18. Jahrhundert hatte der Fluß Avon, als er durch die Stadt Bath floß, keine klar definierte Kante. Die ersten Gebäude aus der klassischen Periode - *North* und *South Parade* - schenken seiner Gegenwart keine Beachtung (70).

Ein Kanalhaus steht parallel zum Kanal.

> Ein Kanalhaus, in dem Waren angeliefert und verschickt werden, scheint am nützlichsten zu sein, wenn es parallel zur Kante des Kanals angeordnet ist (72).
> Wenn sich alle Häuser an einer Linie aufreihen, gibt es keine unhygienischen Ecken, keine Wärmeverluste. Liegen Kanalhaus und Kanal parallel, laufen die Menschen parallel entlang, die Fahrzeuge bewegen sich parallel dazu; sogar die Reflexionen sind parallel.

Die Gebäude entlang des Hafens stehen parallel zur Hafenkante.

> Sogar in alten Fischerdörfern sind die Häuser in einer Linie entlang der Hafenmauer aufgereiht.

Die Gebäude entlang eines Flusses stehen parallel zum Flußbett.

> Bootshäuser, sogar Bootszelte bei Regatten, sind parallel zum Ufer aufgestellt.

Gebäude an der Meeresküste folgen der Küstenlinie.

> Wo es eine gerade Küstenlinie gibt, richten sich die Gebäude und das, was um sie herum passiert, parallel zu ihr aus.

Nur selten ist Parallelität vollkommen funktional. Es ist der Magnetismus der Kante, der die Dinge zusammenhält.

72
Haus in Amsterdam, das parallel zum Kanal plaziert ist

Uferreaktionen

Cambridge befand sich ursprünglich an dem am weitesten landeinwärts gelegenen Punkt, an dem der Fluß noch befahrbar war; von Kings Lynn über den Fluß Great Ouse, der bei The Wash ins Meer fließt, eine Entfernung von gut 70 Kilometern. Cambridge war der Punkt, an dem sich vier römische Straßen trafen und den Fluß überquerten.[1]

Spätestens seit dem 17. Jahrhundert wurde der Fluß Cam genannt, nach der gleichnamigen Stadt.[2] Das Gefühl dafür, daß die Collegeansicht zum Fluß wichtig ist, scheint sich zur gleichen Zeit entwickelt zu haben, als der Fluß seinen Namen erhielt. Die Seiten, die jetzt *The Backs* genannt werden, sind zu Vorderseiten geworden.

Das ist am *Clare College* besonders deutlich, wo die Bereiche (lange Zimmerfluchten), die man von den Backs beobachten kann, fast Demonstrationsobjekte von Vorderseiten sind, die gesehen werden sollen (73).

Einige Daten

1619   Cornelius Vermuyden wird von James I. aufgefordert, die Trockenlegung der Marschlandschaft zu beaufsichtigen, aber es fehlen die finanziellen Mittel.

1630   Francis, vierter Earl of Bedford, beauftragt schließlich denselben Vermuyden mit der Trockenlegung des Bedford, zweihundert „Unternehmer" finanzieren das Projekt.

1618-1635 Inigo Jones, *Queens Haus*, Greenwich.

1 Pevsner, Cambridgeshire, Penguin Books, 1970
2 John Willis Clark, Cambridge Concise Guide, Bowes and Bowes, 1964

73
Clare College und *Clare-College-Brücke* mit dem Fluß Cam,
vom Rasen des *King's College* aus gesehen

In gewisser Weise ist das eine seltsame Verlagerung der (von Holland beeinflußten?) Sensibilität, denn zu dieser Zeit war der Fluß immer noch ein Fluß zum Arbeiten. Aber einer, wie man annehmen muß, der mehr oder weniger lieblich war.³ Diese Reaktion könnte als veränderter Ausdruck der Flußansicht bezeichnet werden. Wichtiger als die Reaktion ist die körperliche Geste der Colleges zum Fluß hin. Grundsätzlich haben jene Teile der Colleges, die offen zum Fluß liegen, auf drei Seiten begrünte Höfe, so daß so viele Bewohner wie möglich den Ausblick und das Gefühl für den Fluß teilen können, und da das Gelände auf der anderen Seite größtenteils offen ist, teilen sie sich auch einen Ausblick auf die gegenüberliegende Landschaft (74).

Einige Anmerkungen zum Clare College

Die *Clare-College-Brücke*, 1639-1640 errichtet, ist die erste klassische Brücke in Cambridge.

Umbauten des *Clare College*:

Ost- und Südflügel:	1638 begonnen, 1642 fertiggestellt
Westflügel, südliche Hälfte:	1669 begonnen, 1676 fertiggestellt
Nordflügel:	1683 begonnen, 1690 fertiggestellt
Westflügel, nördliche Hälfte:	1705 begonnen, 1715 fertiggestellt

Der Brücke wurde das gleiche Maß an Aufmerksamkeit zuteil wie dem College. Sie wurde um die Zeit errichtet, als die erste Phase des Umbaus stattfand.
Was wir jetzt von den Außenansichten des *Clare College* sehen, ist nicht das ursprüngliche Gebäude; die Fassade wurde mit neuen Steinen restauriert, vielleicht sogar viele Male.
Unsere Reaktionen basieren auf einem zeitgenössischen Faksimile.

74
Lageplan von Cambridge mit den *Backs* zwischen Großer und Kleiner Brücke,
der die Colleges zum Fluß hin offenliegend zeigt

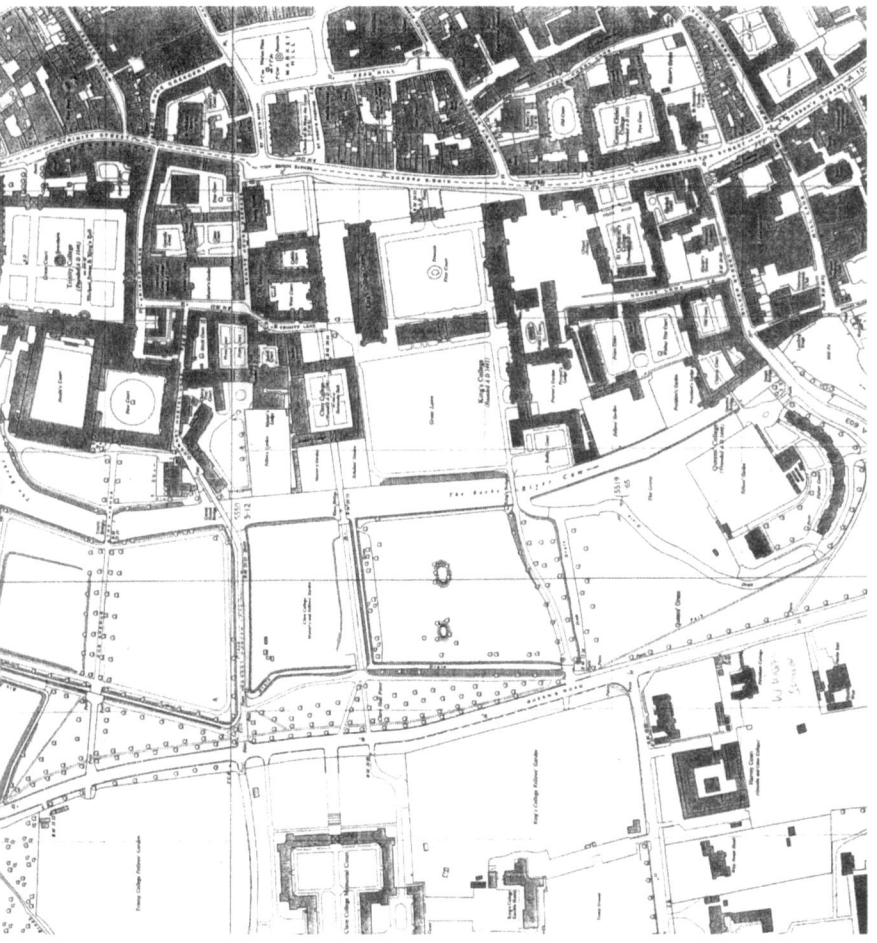

3 Später nicht mehr:
1831 „ergossen neunzehn Auslässe das Abwasser der 30.000 Menschen in den Fluß. Und 1873 wurde festgestellt, daß vier Meilen des Flusses kaum besser waren als ein riesiges Jauchebecken." Zitiert nach: F. A. Reeve, Victorian and Edwardian Cambridge from Old Photographs, B. T. Batsford, London 1971

Dieser weite Ausblick ist besonders wichtig für die Wahrnehmung, die man jetzt von Cambridge als Ort hat: offen zur Landschaft im Westen, geschlossen durch die Straßen der Stadt im Osten. Die Wahrnehmung und der Geruch der Landschaft sind sogar heute noch stark, obwohl die Universität ausgebaut wurde und über die Backs hinaus in die jenseits liegende Landschaft reicht.

Die Brücken tragen die Wahrnehmung der einzelnen Colleges über den Fluß in begrünte Einfriedungen auf der anderen Seite. Der Wasserstand wird durch Wehre oberhalb und unterhalb des Collegestreifens kontrolliert. Dieser Umstand sowie die Brückenkonstruktionen vermitteln vom Wasser her einen Eindruck der Künstlichkeit, wie in einem Park. Fluß, Colleges und Backs werden zu einem zusammenhängenden Territorium.

Weil der Fluß von Norden nach Süden verläuft und die Backs sich zur Westseite öffnen, bedeutet dies, daß der Fluß vom späten Vormittag bis zum späten Abend nicht im Schatten der Gebäude liegt[4]: Weil es keine Arbeitsnutzung mehr gibt, kann er zu einem Spielfeld werden (75).

Nachgedanken

Die Brücken über Bahngleisen stimmen mit dem System der Eisenbahn überein, nicht mit dem Land als einem „System".
So wie es im 17. Jahrhundert eine Veränderung der Sensibilität gab, gibt es jetzt eine. Es ist eine „grüne Zeit", wir fragen jetzt bei jedem Eingriff, „was er mit dem Ort macht".

4 In den Eingangshöfen von Trinity, King's und St. Catherine's College befinden sich die hohen Kapellen auf der Nordseite des Hofes und werfen deswegen keinen Schatten auf den Fluß. Das ist besonders mitten im Winter wichtig (*Trinity Chapel, Trinity Court*).

Die Reaktionen der Uferbewohner

„Von den Fährleuten, die auf dem Cam und dem Great Ouse arbeiteten, wurde traditionell behauptet, daß sie eine schlechtere Sprache hätten als ihre Kollegen von irgendeinem anderen Fluß in England. Man kann es auch anders sehen: Durch die Nähe zur akademischen Atmosphäre wurde der Unterschied stärker betont. Die Fahrt mit dem Schiff durch Cambridge, wo Brücken und Gebäude wiederkehrende Hindernisse bilden, könnte kaum wirkungsvoller entworfen worden sein, um Extreme der Sprache hervorzurufen. Das Zugpferd mußte in der Nähe von Pike and Eel ins Wasser geprügelt werden, und von diesem Punkt an wateten sie durch den Fluß, bis zum öffentlichen Kai gegenüber dem Magdalen College oder weiter bis zum Kai hinter der Silver Street. Der erhöhte Schotterfußweg am Flußbett unterstützte ihr Fortkommen in gewisser Weise, und es ist anzunehmen, daß er von den Fährleuten genau aus diesem Grund dort angelegt wurde. Die Unannehmlichkeiten, die die Colleges und der Schiffsverkehr erdulden mußten, schienen auf Gegenseitigkeit zu beruhen. Die ungehobelte Erscheinung, das Benehmen und die Sprache der Fährleute, einer ungebildeten, räuberischen Bande, die Maulwurfswesten und runde Kappen aus Otterfell oder rote Nachtkappen aus Wolle mit herabhängender Troddel trägt, kamen unter das Dauerfeuer der Universitätsobrigkeit."
Zitiert nach: Dorothy Summers, The Great Ouse, David & Charles, Newton Abbot 1973

75
Picknick in einem Boot.
Szene in den *Backs* auf dem Fluß Cam.

Fußgängerbrücke über Bloomers' Hole

Diese Fußgängerbrücke ist als Teil eines gedehnten Fußweges konzipiert, dem *Themse-Pfad*. Er folgt der Themse von der Quelle in Kemble in Gloucestershire bis zur Themsesperre in Greenwich und liegt zwischen Feldern, die landwirtschaftlich genutzt werden. Die Brücke überquert den Fluß in einem leichten Winkel, so als würde sie der Richtung des Fußweges folgen (77).
Die Zugangsrampen an beiden Ufern sind gegen die Richtung des Wasserlaufes angelegt, so daß die Fußgänger direkt nach unten in das Wasser schauen können, um das Unkraut und die Fische zu sehen. Die weiter entfernt vom Wasser liegenden Teile der Zugangsrampen haben einfache Grasböschungen, die entlang der Felder laufen (76).

76
Bloomers' Hole, die Wasserkante

77
Fußgängerbrücke über Bloomers' Hole, A.&P.S., Ansicht vom Fluß aus

Rio Fiumicello

In der Nähe von San Marino gibt es landschaftliche Charakteristika, Callanci genannt, was man im Deutschen als Geröllhalde bezeichnen würde. Es ist geplant, am Fuß einer dieser Geröllhalden einen Park anzulegen.
In einem Park bezeichnet das Wort „Kiosk" den Charakter einer Gebäudeform. Im Park von Rio Fiumicello sind Abwandlungen dieser charakteristischen Gebäudestruktur eingesetzt, um Einrichtungen des Parks auszuweisen: Werkzeugschuppen, Tore, Hinweisschilder, Toiletten usw. Dadurch ist das Gebiet des Parks kohärent, stilistisch verknüpft – nach Art von Parks aus dem 19. Jahrhundert (79).
Die Werkzeugschuppen sind in zwei „Ketten" arrangiert, jede in einem bestimmten Abstand vom Wasserlauf, um zu ermöglichen, daß die charakteristische Vegetation des Gewässers, vor allem Weiden und Akazien, den Lauf des Stromes markiert, auch wenn dort kein Wasser ist (78).
Auf der zum Wasserlauf liegenden Seite sind die „Ketten" durch einen überdachten Fußweg miteinander verbunden. Der Schnitt der Hütten legt es nahe, zum Wasserlauf hinunterzuschauen oder nach oben, davon weg, zum Callanco und zur unbebauten Böschung. Der Schnitt unterstützt außerdem die Luftzirkulation, wenn Kühlung notwendig ist.

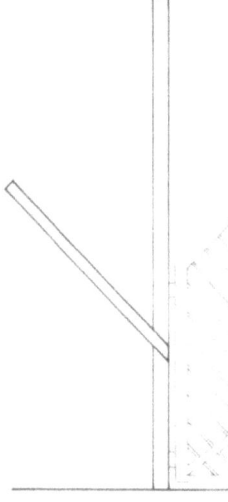

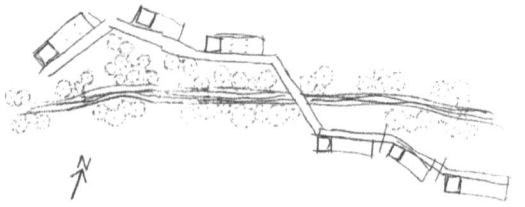

78
Landwirtschaftlicher Wissenschaftspark am Rio Fiumicello, San Marino, P.S., 1996. Diagrammatischer Plan der Kette aus Schuppen auf beiden Seiten des Flusses.

79
Eingangstor zum *landwirtschaftlichen Wissenschaftspark*
am Rio Fiumicello, San Marino, P.S., 1996.
Eingangstor von der Zufahrtstraße mit Personen, die Einlaß erbeten –
von links nach rechts: Lucas Wilson, Esther Wilson, Soraya Smithson Wilson, Hugo Wilson.

Markierungen auf dem Land

Eine der Möglichkeiten, die Bedeutung des Geländes zu verändern, war es, gebaute Markierungen darauf zu plazieren. Vom 17. Jahrhundert an wurden in England Bögen an den Einfahrten zu den Landsitzen aufgestellt. Obelisken und Säulen wurden errichtet, um das Ende von Hauptstraßen zu markieren, oder sie wurden besonders sichtbar auf Anhöhen plaziert. Tempel, Follies, Statuen, Denkmäler und Springbrunnen unterbrechen Seenlandschaften, Täler, Reitwege und Spaziergänge – gebaute Markierungen in der Sprache des englischen Landschaftsgartens (80-85).

Sie markieren den Wandel vom alten Landbesitz, den alle auf eine gotische Weise verstanden, als Tatsache, zum unternehmerischen Landbesitz, der durch eine Reihe von Renaissancevorrichtungen als Theater gefeiert wird. Man kann sagen, daß in diesen englischen Landschaftsgärten die gebauten Markierungen der römischen Renaissance[1] von der Stadt aufs Land verlagert wurden. Sie markieren hier das Eigentum auf zweifache Weise: zum einen als Kennzeichnung des Raumes[2] – die Vorrichtungen fixieren den Umfang des Grund-

Ein ungewöhnli[ch] „schlanker" Obeli[sk] auf einer Hügelkup[pe] im Hagley Par[k] Staffordshi[re]

1 Der Obelisk auf der *Piazza del Popolo* wurde dort im 1[7.] Jahrhundert aufgestellt.

2 Eine Eigentumsmarkierun[g] wie das „FC" und „FD" vo[n] Federico von Urbino, wa[r] wirklich nur ein „Markenze[i]chen" ohne die Fähigkeit zu[r] räumlichen Ordnung, ab[er] diese späteren „römischen[ʺ] Vorrichtungen waren wesen[t]lich. Um es zu wiederhole[n:] Sie könnten räumlich ordnen[.]

80
Sonnentempel, Stourhead, Flitcroft, 1767, basierend auf dem Original in Balbek, das 1757 in einem Buch von Wood veröffentlicht wurde

besitzes – und zum anderen als Zurschaustellung des neuen „Geschmacks" – sie zeigen die soziale Überlegenheit des Besitzers.

Diese äußerst bewußte Zurschaustellung muß jenen, die auf dem so markierten Land lebten, das Gefühl vermittelt haben, daß man jetzt damit „handeln" kann (und diese Vorrichtungen veränderten sich). Das Land, das früher eine mehr oder weniger stabile Sache war, wurde Gegenstand der Mode, einer neuen Kennzeichnung, einer neuen Markierung. Es wurde teilweise zum Spielzeug – etwas zum Genießen und zum Spielen. Das Vergnügen war vor allem für die Besitzer da, aber es wurde zu einem gewissen Teil mit denen, die darauf lebten oder es durchquerten, geteilt.

Heute gibt es in Europa wieder radikale Eigentums- und Nutzungsveränderungen des Landes. Zum Teil betreffen diese Veränderungen die Einrichtung von Nationalparks.[3] Damit beabsichtigt man, Gelände zum Vergnügen einzurichten und zu betreiben, genauso wie die Landschaftsgärten im 18. Jahrhundert; aber nun mit einem Bewußtsein, das vom Geschmack der Mittelklasse geprägt ist, und als bewußter Akt sozialer Hygiene. Die

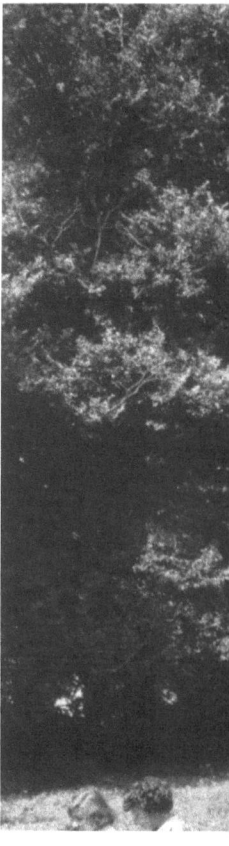

82
Gotisches Folli in Rendlesham, in der Nähe von Snape, Stuffolk

83
Tempel der Tugend, Stowe, Buckinghamshire

3 Nationalparks als neue Form der Landnutzung haben bereits eine ziemlich lange Geschichte. Der *Yellowstone Nationalpark* in den Vereinigten Staaten von Amerika wurde 1870 geschaffen.

Parks, die zu diesem Zweck errichtet wurden, sind wie „Markenzeichen" gekennzeichnet, mit Schildern an den Straßen zu den Eingängen und mit „Markenzeichen", die sich auf den Richtungsschildern in den Parks wiederholen. Aber diese Markierung hat keine räumliche Konsequenz.

Eine andere Veränderung ist nicht unbedingt eine Änderung der Eigentumsverhältnisse. Sie ist geschäftsbedingt. An Orten, wo der Getreideanbau, der völlig mechanisiert ist, größere Felder verlangt, werden sie durch die Entfernung von Heckenreihen und Bäumen hergestellt. Das hat eine grundlegende räumliche Auswirkung, aber sie ist nicht beabsichtigt.

Die Absicht ist, das Land profitabler zu nutzen. Und natürlich gibt es den entgegengesetzten Fall, wo Überproduktion herrscht und die Bauern dafür bezahlt werden, das Land brachliegen zu lassen beziehungsweise nichts zu produzieren.

Man kann behaupten, daß eine weitere Veränderung notwendig ist, die sich aus der Verlagerung des Bewußtseins ergibt und die das Land als eine „Verantwortung" betrachtet. Wenn wir im Begriff

84
St.-Peter-Säule, Stourhead, Wiltshire. Im 15. Jahrhundert in der St. Peters Street in Bristol plaziert, 1765 in Stourhead aufgestellt, mit einer Grotte als Sockel.

85
Klassische Statue auf einem Sockel in Rousham, Oxfordshire.
Landschaftsgarten von William Kent.

sind, ein ausgeprägteres gotisches Gefühl für das Land wiederzubeleben, das Gefühl, daß wir ein Verwalteramt innehaben, wie sollen wir dieses Gefühl für das Verwalteramt sichtbar machen?

Dafür braucht man ein Markierungsvokabular, dessen räumlicher Stil die Natur dieser Veränderung verkörpert und die neue Betrachtungsweise manifestiert.

Die Institutionen, die Nationalparks oder geschützte Landschaften verwalten oder besitzen, organisieren die umfangreichen Wegesysteme mit Autoparkplätzen und allem anderen so, daß die Benutzung des Parks kontrolliert wird und nicht auf Kosten der ursprünglichen Nutzung und des ursprünglichen Aussehens des Landes geht.

Die Autobahnverwaltungen richten Aussichtspunkte ein, schützen bestehende Wohnsiedlungen durch Erdwälle und Schallschutzwände vor Lärm und schaffen Picknickplätze abseits der Straße.

Die „Erscheinung" dieser Dinge entlang der Autobahn ist Teil einer Art Volkstradition, die in den Vereinigten Staaten und im Nazideutschland in den dreißiger Jahren entstand. Sie sind sicherlich nicht Teil einer bewußten Umordnung des Landes, sondern Teil der Straße.

Aber die Autobahnsysteme sind die größte Veränderung, die das Land seit der Einführung der Eisenbahn erfahren hat.

Die Veränderungen durch die Eisenbahn – die man sich immer noch dort vorstellen kann, wo man an einer mehr oder weniger ursprünglichen Bahnlinie steht, in einer Landschaft, die sich sehr wenig verändert hat – scheinen uns jetzt sehr moderat zu sein. Eine Spielzeugeisenbahn mit sichtbaren Lokführern und Fahrgästen dampft durch Felder mit Kühen.

Im Gegensatz dazu ist die Autobahn eine Riesenschlange, die sich durch das Land windet und

Anmerkung
Die Autobahn
Die Riesenschlange (Autoba[hn]) variiert in ihrer Auswirkung [auf] das Land, sie scheint nicht [als] verbindendes Element im Sin[ne] der *konglomeraten Ordnung* funktionieren.[5]
In den meisten Fällen ist die A[u]tobahn eine erstaunliche Lin[ie], bei der die Ordnung des Land[es] darunter weitergeht, so wie si[e] das Land ungestört von den [Ei]senbahngleisen fortsetzt, die [die] Hochebene der Rocky Mou[n]tains überqueren.
Die anscheinend natürliche R[e]aktion auf die Autobahn – daß [sie] zu laut ist und zu sehr stört, u[m] daran zu leben – ist in der [USA] nicht die allgemein übliche Rea[k]tion. Die neuen Häuser werd[en] so gebaut, daß sie sich parallel d[azu] zu aufreihen, genau so wie es w[ar] als die Eisenbahnen kamen.
Wonach wir suchen, ist die E[r]findung von „Markierungen", d[ie] „zeigen", daß es vernünftig i[st] sich vom Lärm und von der U[n]ruhe abzuwenden. Dieses „Ze[i]gen" bedeutet, konventionel[le] Elemente wie Lärmschutzwä[nde] auf eine Art zu gestalten, daß ih[re] Ausbildung auch die Geschich[te] ihrer Aufgabe erzählt.
Ein weiteres Angebot ist e[s] „Dinge schwierig zu machen[".] Das bedeutet, bei antiken Scha[u]plätzen, die der Öffentlichke[it] zugänglich sind, die Autopar[k]plätze davon entfernt zu plazi[e]ren, um ein Zeitintervall zw[i]schen der Ankunft und der E[r]fahrung zu erzeugen. Es sol[l] eine grüne Stille auf dem Verbi[n]dungspfad geben.

deren Anblick sich in scheinbar unendlicher Ausdehnung entfaltet.

Sie manifestiert sich mittels Maschinen ohne Bedienungspersonal oder mittels Reisender, die in einem monotonen Band aus Lärm dahinrasen.

Sollte unser Versuch, „das Land als eine Verantwortung sichtbar zu machen", damit beginnen, daß man räumliche Modifikationsvorrichtungen für das Land erfindet, das an die Autobahnen angrenzt? Die Riesenschlange könnte sich in einem grünen Ärmel aus Wällen und Bepflanzung bewegen, um das Land auf beiden Seiten (und manchmal quer darüber) als räumlich getrennte Gebiete wiederherzustellen. Die Straße als Teil zur Neuordnung des Landes?

Derart große Veränderungen des Landes wurden schon früher durchgeführt, zum Beispiel in den dreißiger Jahren in den Vereinigten Staaten, im Rahmen des New Deal, um gegen die „Depression"[4] vorzugehen. Die zivilen Instandhaltungstruppen nahmen junge Männer ohne Arbeit aus den Städten und ließen sie Baumgürtel anlegen, um zu verhindern, daß der Boden vom Wind verweht wird; sie lebten in Camps am Land, die von der Armee geleitet wurden.

Die Baumgürtel hatten ursprünglich diesen Zweck, aber jetzt, sechzig Jahre später, können sie als Elemente betrachtet werden, die die Landschaft grundlegend räumlich verändert haben. Es wurde eine anhaltende Veränderung in der Erscheinung des Landes bewirkt, in der Größenordnung ähnlich wie die Routes Nationales in Frankreich mit ihrer geraden Anordnung und den Baumalleen aus der Zeit Napoleons.

Eine Geschichte, die von einem Betroffenen erzählt und von J. B. Jackson als Teil seines Seminars „Amerikanische Landschaft" in Harvard im Winter 1975 kommentiert wurde. Diese Arbeiten, so scheint es, benötigen den Staat, um das allen zugute kommende Bedürfnis zu erkennen und um das rechtliche und administrative Räderwerk zur Veränderung zur Verfügung zu stellen, da es davon keinen kurzfristigen finanziellen Gewinn gibt, der private Investoren anziehen könnte.
Vgl. Alison und Peter Smithson, Italienische Gedanken. Beobachtungen und Reflexionen zur Architektur, Braunschweig/Wiesbaden 1996, S. 156ff.

Es scheint, daß für die Nutzungsänderungen unserer Zeit Markierungen auf dem Land erfunden werden müssen, die diese Veränderungen signalisieren. Was können wir aus unserem eigenen Vokabular dazu anbieten?

Steine zur Entfernungsmarkierung
Kursive Baumgürtel
Stadttore
Schatteneinfriedungen durch Bäume
Aussichtstürme
Punktförmige Anordnung von Bäumen
Türme
Wälle
Parkplatzplattformen
Geländeanordnungen
Markierungen entlang einer Linie
Parktore

Die Markierungen unseres Vokabulars sollen auf eine räumliche Weise funktionieren.

Steine zur Entfernungsmarkierung
    sind für Fußgänger bestimmt. Eine Kennzeichnung kurzer Entfernungen bildet eine Kette. Die Steine sind wesentlich. Ihre Form zeigt die Entfernung zum Ziel und vom Ausgangspunkt an und hat außerdem die üblichen eingravierten Figuren (Urbino, *Colleges' Pfad*).

Aussichtstürme
    geben einen Überblick, eine visuelle Fluchtmöglichkeit, eine Notwendigkeit seit der Romantik (Lauenförde, *Yellow Lookout*) (86).

Stadttore
    markieren den Eingangspunkt für die Eintretenden in das, was betreten wird, und geben den darin Lebenden ein Schutzgefühl (Urbino, *Colleges' Tor*).

86
Yellow Lookout, Lauenförde, A.&P.S., 1991.
Der Yellow Lookout, zwischen den zwei Zuckerahornbäumen im Garteninnenhof, blickt auf die jenseits liegende Landschaft.

Türme
>signalisieren die Nutzungsänderung oder dienen als Verbindungslinie (Siena, *Neuer Turm*).

Parkplatzplattformen
>verändern die Nutzung, erzeugen eine temporäre Konzentration von Menschen und dadurch von Aktivitäten (San Miniato, *Parkdecks*).

Markierungen entlang einer Linie
>weisen Fußgänger auf Zughaltestellen und Umsteigepunkte in der Landschaft hin (Urbino, *Markierungen auf einer Linie*).

Kursive Baumgürtel
>sind lineare Umschließungen innerhalb einer allgemeinen Schutzzone, sie zeigen eine Nutzung durch die Gemeinschaft an (Japan, *Kansai-Kan*) (87).

Schatteneinfriedungen mit Bäumen
>stellen die Tageszeit räumlich dar (San Miniato, *Schatteneinfriedungen*).

Punktförmig angeordnete Bäume
>schaffen einen geheimnisvollen Hain und steigern die Erwartung, daß etwas passieren könnte (Lauenförde, *Punktförmige Anordnung*).

Wälle
>dienen der Definition und Abtrennung von Territorien (Kuwait, *Dünengärten*).

Geländeanordnungen
>auf brachliegendem Land zeigen, daß Nutzungen kommen könnten. Das Land ist nicht tot, sondern wartet.

Parktore
>bilden den Eingangspunkt zu einem besonderen Territorium und zeigen sein Wesen an (Paris, *La Villette*; San Marino, *Rio Fiumicello*).

87
Kansai-Kan-Bibliothek, Japan, A.&P.S.,1996.
Isometrie des Daches von Nord-Westen.

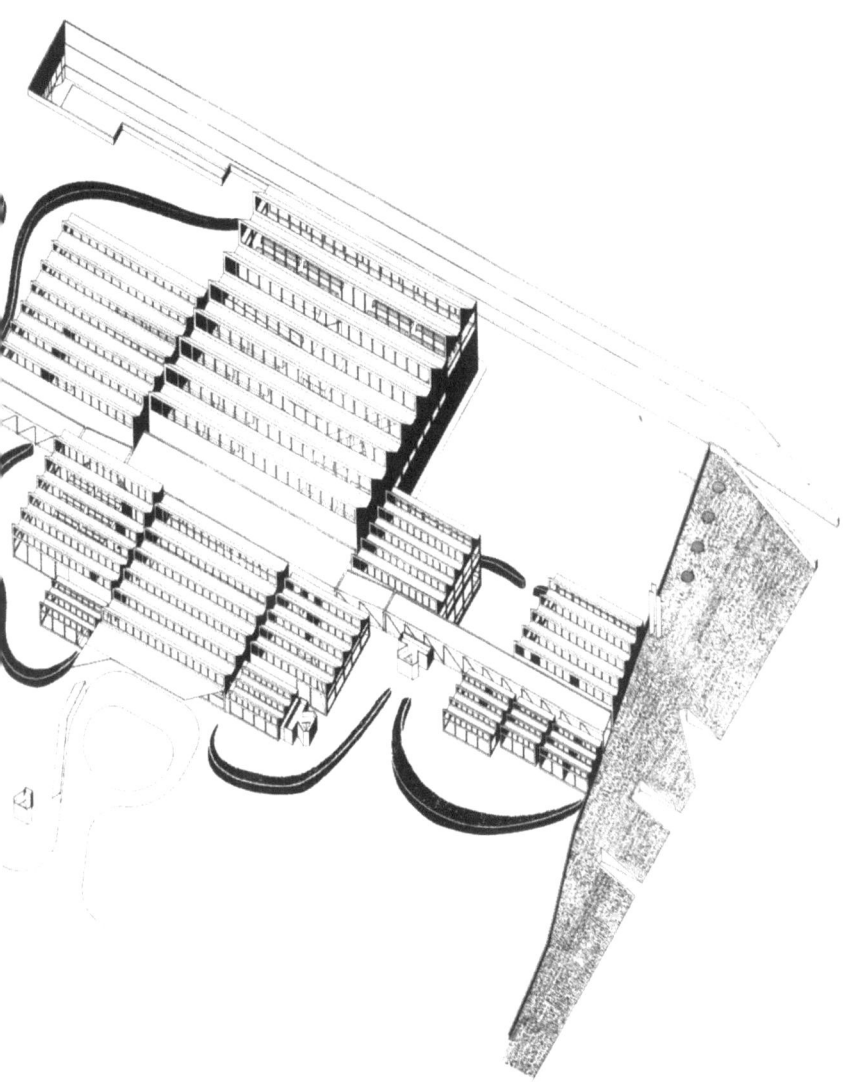

Eine Anordnung von Bäumen

Wenn man San Miniato, einen außerhalb von Siena liegenden Ort, als eine Gartenstadt versteht, dann könnte man die langen, kahlen Streifen des bestehenden Fußweges, die in das westlich davon gelegene Tal führen, mit kurzen Linien aus japanischen Kirschbäumen (Prunus Serrulata Sekiyama) kultivieren (88). Diese Linien würden diagonal zur Linie des Tals verlaufen mit der Vorstellung, daß die so entstandenen Garteneinfriedungen Orte sein könnten, wo Kinder spielen, Mannschaftssport stattfindet oder die für verwandte Aktivitäten geeignet sind (89).

88
San Miniato,
westliche Seite des Tales, A.&P.S.
Diagramm der Kirschbäume,
die den Fußweg kreuzen und
Einfriedungen erzeugen.

89
San Miniato, westliche Seite des Tales, A.&P.S., unter Kirschbäumen.
Die Linien aus Kirschbäumen schneiden den Fußweg rechtwinklig und erzeugen dadurch
Einfriedungen zum Spielen: Softball, Reiten, Fahrradfahren, Frisbee usw.

Die Baumreihen verlaufen mehr oder weniger von Osten nach Westen und werden im Frühling von den auf beiden Seiten angesiedelten Häusern als ein Meer aus Blüten wahrgenommen – eindeutig kein landwirtschaftlich genutztes Land, sondern ein Garten. Der Pfad, das angrenzende Tal und die Häuser werden so miteinander verknüpft (90).

Wenn man über die Gartenstadt nachdenkt – was legt das Wort nahe? Einfach Häuser, die in einem Garten stehen. Kein Geräusch ist lauter als das der Vögel. Keine Belästigung, die von der Ruhe des Gartens ablenkt. Man hat all die Annehmlichkeiten, die Häuser mit einem ausgedehnten Garten haben: keine Straßen, keine Autos!

Um all das zu verwirklichen, worüber man seit siebzig Jahren oder noch länger spricht, benötigen wir immer noch eine besondere Ordnung mit einer lockereren Denkweise. Die Abscheu vor der Realität in Letchworth oder Welwyn ist die vor einem geplanten, formlosen Vorort. Man verliert sich sofort in der Betrachtung schrecklicher Häuser, die von einer beträchtlichen Bepflanzung nur spärlich verdeckt werden. Die Häuser grenzen an sich schlängelnde Straßen von gleicher Wertigkeit, der Himmel weiß, wohin sie führen.

Was immer noch nötig ist, ist eine bestimmte Art und Weise, über die Gartenstadt nachzudenken. Wir dürfen nicht den Begriff der Enge anwenden – so wie eine Stadt innerhalb ihrer Stadtmauern eine wunderbare Enge aufweist –, sondern wir müssen an Weitläufigkeit denken – ohne Straßen und regelmäßige Wohnblöcke, ohne städtische Lasten und all den Kram der Stadtbewohner.

Eine Veränderung in Richtung auf ein Gartendenken: Man verirrt sich nicht in einem richtigen Garten. Der Begriff Gartenstadt sollte sich auf das Gegenteil dessen beziehen, was die überlagerten Schichten historischer Bedeutung und eine bewußt städtisch ausgerichtete Schule besagen, ohne gleich Hals über Kopf in historisch-landwirtschaftliche Analogien zu verfallen.

San Miniato, westliche Seite des Tales, A.&P.S., Lageplan mit der Bepflanzung. Das westliche Tal wird mit dem Fluß, den Bäumen am Ufer, der Bepflanzung und den erhaltenen Schrebergärten gezeigt. Die neue Bepflanzung mit japanischen Kirschbäumen verläuft quer zum Tal.

Punktförmige Anordnung: Scharlach-Eichen

Vielleicht erzeugt ein regelmäßiges Raster auf einem welligen Boden, wo einige Rasterpunkte mit Bäumen markiert sind und andere nicht, eine Landschaft wie in Philip Glass' Komposition *Akhnaton*.
Dabei passiert nichts besonders Dramatisches. Vielleicht wird die Landschaftskontur ausgeprägter. Orte laden zum Verweilen ein. Ausblicke öffnen sich nur, um noch mehr vom Gleichen zu enthüllen. Dennoch, etwas scheint bevorzustehen.
Die Zeichnung, die diese Landschaft illustriert, markiert nur bestimmte Punkte eines acht Meter großen quadratischen Rasters mit Bäumen (91, 92).
Die ausgewählten Bäume sind Scharlach-Eichen (Quercus Coccinea). Sie wurden wegen ihres geraden Wuchses gewählt (sie sollen schließlich als Markierungen dienen). Und weil die Blätter erst im Frühjahr fallen, bleibt das Markierungszeichen das ganze Jahr über mehr oder weniger unverändert, bis auf die Veränderung der Farbe.
„Der besondere Wert der Scharlach-Eiche besteht in der Farbe des Herbstlaubes. Die Spezies, Quercus Coccinea Splendens, ist diesbezüglich eine der zuverlässigsten. Das Laub verwandelt sich zuerst in ein tiefes Karmesinrot und behält diese Farbe viele Wochen. Auch wenn die Farbe von Rot in Kastanienbraun verblaßt, fallen die Blätter nicht ab, sie bleiben bis zu den ersten Regungen des Frühjahrs am Baum und geben der Szenerie im Winter einen besonders beeindruckenden Effekt."[1]
Die Scharlach-Eiche ist im Nordosten der USA heimisch und wurde im 17. Jahrhundert in England eingeführt.

1 Colvin, Tyrwhitt, Badmin *Trees for Town and Country* Lund Humphries, 1947

91
Scharlach-Eichen, A.&P.S.,
Diagramm.
Ansicht der Bäume
jenseits des Weges,
Aufsicht auf die Bäume.

92
Scharlach-Eichen, A.&P.S. Es scheint sich etwas anzukündigen.

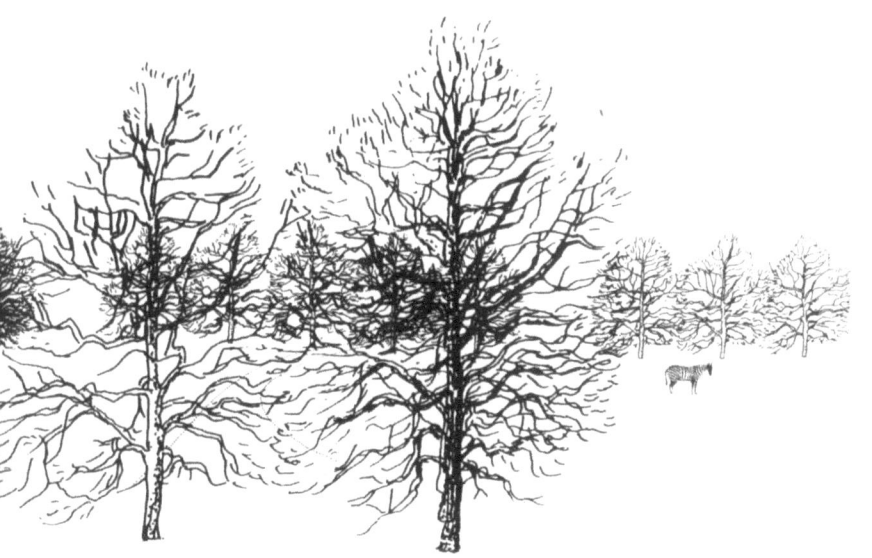

Balatonfoldvar

Die Stadt Balatonfoldvar – ein Erholungsort am Plattensee in Ungarn – ist außergewöhnlich üppig bepflanzt. Sogar die Eisenbahngleise verlaufen in einer grünen „Hülle" (94).
In dem im Vorgebirge gelegenen Hafen haben die Bäume einen besonderen Charakter. Unterhalb der künstlichen Bepflanzungsgrenze, vier oder fünf Meter über dem Boden, zeichnen sich die Stämme der Bäume als vertikale, schwarze Linien gegen das helle Wasser ab. Schwarze Vertikalen kontrastieren mit der Horizontalen der entfernten Küstenlinie auf der anderen Seite des Sees.
Die mit Bäumen spärlich bewachsene Insel im Hafen wiederholt die Wirkung „vieler offener Fenster", durch die die Besucher den See und den Horizont sehen können. Der unmittelbare Eindruck von der Insel und das Bild, das sie nach außen bietet, legen nahe, daß sich die Schöpfer von Balatonfoldvar Jean Jacques Rousseaus 1778 angelegten Park mit der Pappelinsel in Ermenonville, südöstlich von Paris, zum Vorbild genommen haben. Der Effekt der „vielen offenen Fenster" hängt vom „Fußboden" unter den Bäumen ab, der ohne Buschwerk oder Gebäude ist. Innerhalb des Raumes der vertikalen und horizontalen Anordnung wird den sich frei nach allen Richtungen bewegenden Menschen besondere Präsenz verliehen (93).

93
Balatonfoldvar.
Blick vom Hafen
auf die Landschaft
vom Hafentor aus.

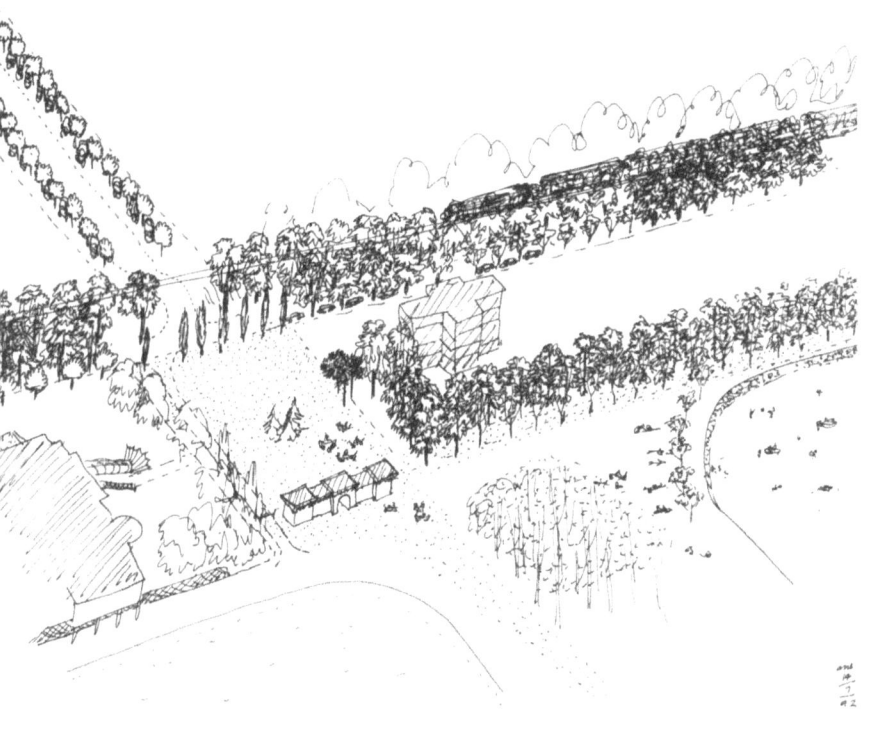

94
Balatonfoldvar.
Blick auf die Zone für Fußgänger vor dem Hafentor.

An der Westseite des bestehenden Hafens ist ein zusätzlicher Hafen für Vergnügungsboote geplant. Er wird durch Ausbaggern und die Anlagerung des dadurch gewonnenen Materials in Form einer gebogenen, schützenden Landzunge hergestellt (95).
Auf dieser Landzunge werden Bäume gepflanzt, um die gleiche räumliche Anordnung zu erzeugen, wie sie im Vorgebirge besteht. Die Westseite der Landzunge reicht bis an den vorhandenen Strand, die neuen Bäume bieten einen Platz, wo man sich in den Schatten zurückziehen kann (96).

9
Plattensee
begrünte Hügel a
Windbrecher m
Stränden aus Gra

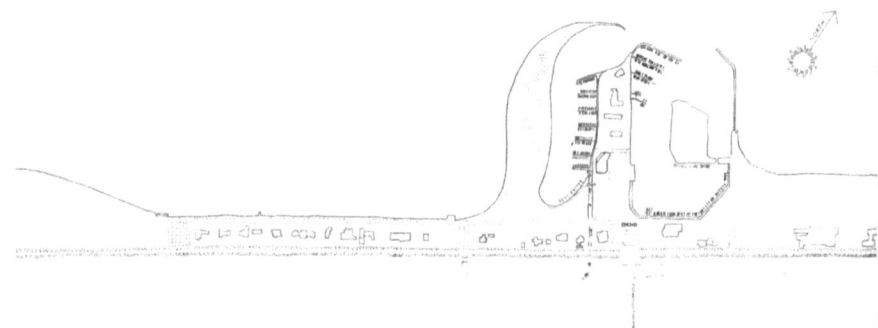

95
Balatonfoldvar,
Lageplan des neu organisierten Küstenbereiches mit dem neuen Freizeithafen

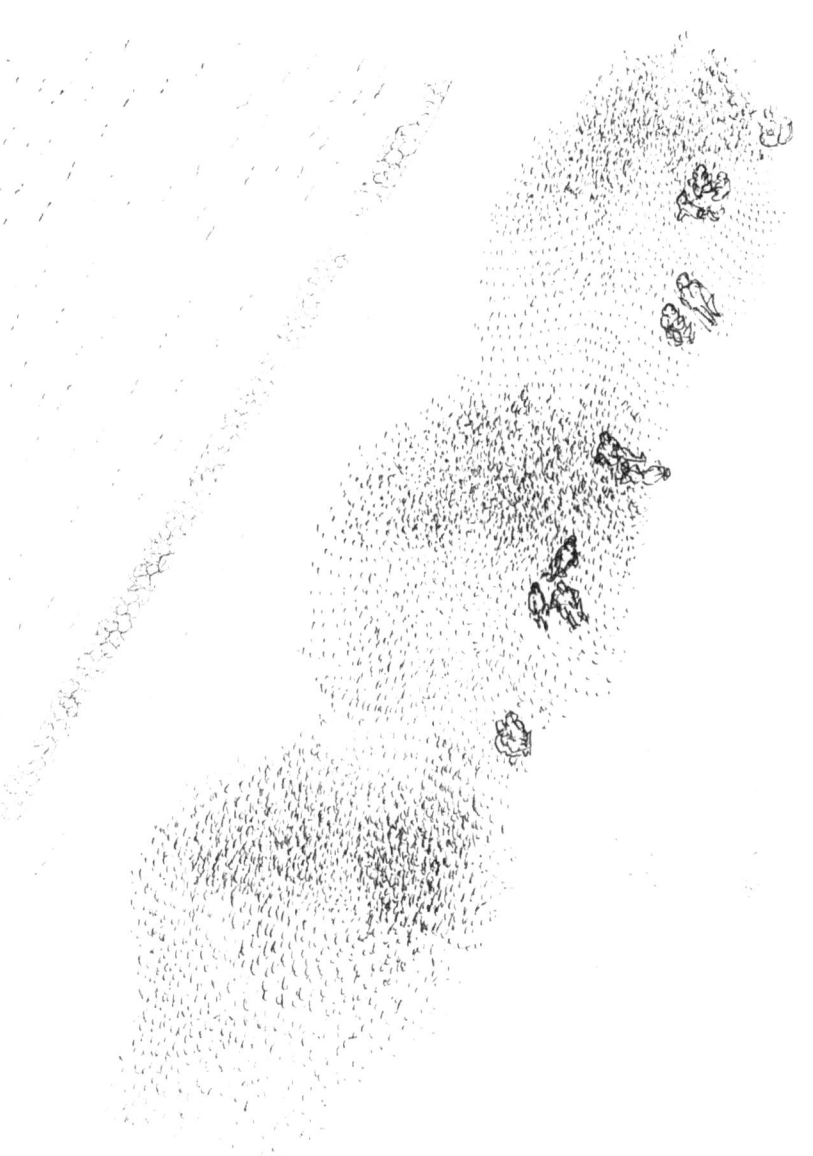

Maßnahmen zur Bodenverbesserung

Ein Gefühl der Freude, die Empfindung, daß alles am richtigen Platz ist, kommt nicht nur bei alten Dingen auf – beim Bauernhof inmitten von Feldern voller Getreide und voller Aktivitäten oder bei den Anlagen eines alten Hafens, sondern entsteht auch neu, zum Beispiel an Orten, wo Autos zum Reifenwechseln und zum Tanken an Autorennstrecken halten, oder bei den Wartungszonen von Flughäfen.
Bei all dem scheinen Ort und Tätigkeit miteinander verknüpft zu sein.
Bei Orten, an denen weniger klar ist, welche Tätigkeit ihnen zugeordnet wird und die kompliziertere Gründe für ihre Existenz haben – und solche Orte bilden gewöhnlich das Tätigkeitsfeld von Architekten –, muß diese Verknüpfung gesucht werden. Wenn man das als Ziel betrachtet, in dessen Richtung gedacht werden muß, dann muß die Sprache, die diese Verknüpfung erzeugt, erst gefunden werden.
Es scheint, daß eine solche Verknüpfung auf zwei Arten zustande kommen kann:
Erstens durch neue Gebäude oder Ansammlungen von Gebäuden, die von Anfang an anders begriffen werden. Das heißt, um es zu wiederholen, es wird in Richtung der Verknüpfung gedacht, die Sprache entwickelt sich Schritt für Schritt, durch Maßnahmen zur Bodenverbesserung, dort wo die Verknüpfung zusammengebrochen ist (97).
Das einfachste Beispiel von Dingen, „die von Anfang an anders begriffen werden sollen": der Parkplatz.

97
Universität Bath, Arts Barn, A.&P.S., 1981-1990.
Isometrie der Phasen I. und II. mit Mauern.

Die öffentlich zugänglichen Straßen und Fußwege der Städte und Stadtzentren unterliegen der Kontrolle der Stadtverwaltungen. Die Straße mündet in den Parkplatz, wie der Fußweg. Parkplätze können deswegen als „natürlicher" Teil der öffentlichen Sphäre angesehen werden. Sie gehören in den Entscheidungsbereich der Stadtverwaltung und benötigen eine Form, die viele Eigenschaften der Straße hat. Sie müssen räumlich großzügig sein, gut beleuchtet, sicher, gut belüftet. Bei dieser Betrachtung wird der Parkplatz nicht als Minimalvorrichtung angesehen, die billig, den Minimalraumanforderungen entsprechend angelegt wird; er wird statt dessen vielmehr als Annehmlichkeit der Stadt betrachtet (98). Er wird so plaziert, daß er die Nutzungsmuster der Stadt beeinflußt. Der Parkplatz hilft dabei, Gebäude, Nutzungsmöglichkeiten, Geländeformen zu verknüpfen. Er wird Teil der Entfaltung des Wesens der Stadt. Vielleicht besitzt der Parkplatz ein „anderes", eigenes Nutzungspotential, eine Fähigkeit, die Aktivitäten, die ihn umgeben, „aufzuladen", Nutzungen anzuziehen oder abzuschrecken.

Ein weiteres Beispiel ist die Bushaltestelle. Deren Standort hängt vom Abstand der Haltepunkte ab und von der vermuteten Fahrgastzahl an den Haltestellen. Der Standort ist eine gemeinsame Entscheidung der Busgesellschaft, des Straßenbauamtes und der Polizei, getroffen aufgrund der zur Verfügung stehenden Daten. Aber die Lage der Haltestelle beeinflußt die Fußgängerrouten und dadurch die Art der Einrichtungen an diesen Routen. Sie beeinflußt auch die Wahrnehmung des Fußgängerflusses in bezug auf die Geländeformation und das Straßenmuster. Bushaltestellen nach diesen Überlegungen zu bauen kann eine verknüpfende Maßnahme sein.

Parkplatz, Tec
Lauenförd
P.S., 200
Lagepla

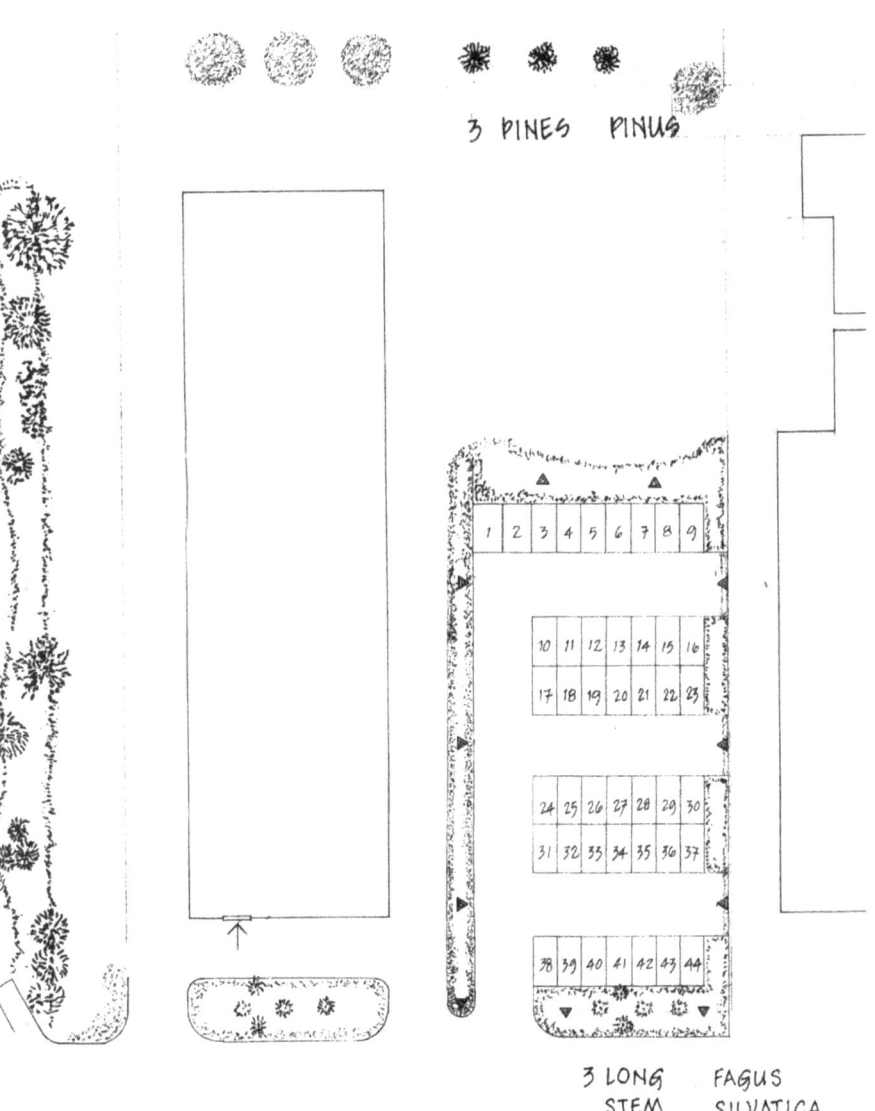

3 PINES PINUS

3 LONG STEM BEECH   FAGUS SILVATICA FASIGIATA

Zweitens können Maßnahmen zur Bodenverbesserung getroffen werden.

Alte Orte haben fast immer viele kleine „Eingriffe", die vermitteln, verknüpfen. Sie verknüpfen Gebäude mit dem Boden, Fahrzeuge mit Straßen, Aktivitäten mit Orten. Wir wissen kaum, was sie verursacht oder wer sie gebaut hat. Es ist sicher, daß die europäischen Gesellschaften diese Fähigkeit, den natürlichen Impuls zur Aufwertung der Umgebung, bis in die Mitte des 19. Jahrhunderts aufrechterhalten haben. Selbstbewußter, vielleicht auf eine andere Art, geschah dies in Amerika zur Jahrhundertwende* im Rahmen der Bewegung „Unsere Stadt soll schöner werden".[1]

Harvard Yard zeigt das Zerbrechen einer Verknüpfung und die Herstellung einer anderen. Ursprünglich richteten sich die bescheidenen Gebäude der Universität von Harvard nach außen, auf die Gemeinde von Cambridge aus und verbanden sich mit dieser. Den Hof hinter den Gebäuden nahmen Aborte, Waschhäuser, Stallungen und so weiter ein (99). Im 19. Jahrhundert wurde all das beseitigt, und der Hof wurde nach und nach zu dem, was er heute ist, der belaubte Brennpunkt von Harvard. Er verknüpft sich mit sich selbst und kehrt der außerhalb liegenden Gemeinde von Cambridge den Rücken zu (100). Um das zu erreichen, wurden Bäume gepflanzt, Wege angelegt und Gebäude so verändert, daß sie sich nach innen orientieren. In der Folge richtet die Gemeinschaft ihre Aktivitäten nach innen: Sie feiert im eigenen Kreis.

99
Universität Harvard, Perspektive von Burgis. Harvard orientierte sich ursprünglich nach außen. Mit dem Bau des Universitätssaals von Charles Bullfinch, 1813, begann die Orientierung nach innen.

100
Universität Harvard, *Yard*.
In dem Zwischenraum präsentiert sich die Universitätsgemeinschaft den Studenten,
wenn sie auf den Wegen des Hofes hin- und herlaufen.
Die diagonalen Pfade verlaufen wie Fäden bei dem Kinderspiel „Fäden abheben".

1 Die Aktivität einer amerikanischen Frauenbewegung, die sich für breite Straßen mit Bäumen usw. einsetzte. Sie wurde durch die Angst der Mittelklasse vor der Ausbreitung von Krankheiten motiviert und fand gleichzeitig mit der Wiederbelebung der Renaissance durch McKim, Mead & White statt.
* Der Text bezieht sich auf die Jahrhundertwende vom 19. zum 20. Jahrhundert.

Um es zu wiederholen: All das entstand durch eine Reihe bodenverbessernder Maßnahmen.
Aber das Gefühl, daß die Architekten im 20. Jahrhundert die Fähigkeit, so zu sehen und Dinge so zu machen, verloren haben, erweist sich als nicht ganz richtig.
Dafür zwei Beispiele, die kürzlich in Princeton, New Jersey, einem der kleineren Staaten der Vereinigten Staaten, entdeckt wurden.
Das erste Beispiel: Bögen, die in den dreißiger Jahren als Verbindung zwischen der Universitätskapelle und einem Studentenwohnheim realisiert wurden. Sie scheinen ohne Anstrengung zwei unabhängige Aktivitätszonen zu erzeugen und die bestehenden Gebäude miteinander zu verknüpfen (102).
Das zweite Beispiel ist die Einfriedung des Angestelltenparkplatzes durch Hecken an einer gewöhnlichen Straße in der Nähe des Campus. Durch sie werden Autos und Häuser miteinander verknüpft, und der Fußweg wird getrennt gehalten als ein bandähnliches Bindeglied, an dem sich die Allgemeinheit erfreuen kann (101).

101
Universität Princeton, Fußweg.
Auf der linken Seite des Weges verdeckt eine einfache Hecke den Angestelltenparkplatz und verbindet ihn mit den Gebäuden, denen er dient. Die Hecke gibt dem Weg eine aufgeräumte, ländliche Erscheinung.

102
Universität Princeton, Bögen.
Als eigenständige Maßnahme gebaut (zwei der Bögen verknüpfen einen Schlafsaal mit der Kapelle), erzeugen sie auf jeder Seiten ein Territorium.

In Amerika gibt es außerdem eine sehr verfeinerte Form der Verknüpfung. Beim Studentenwohnheim in Bryn Mawr in der Nähe von Philadelphia, das nach einem Entwurf von Louis Kahn gebaut wurde, kann man die Auswirkung des Hineindrängens eines neuen Gebäudes aus den sechziger Jahren in einen vorhandenen Baumbestand beobachten. Dieses Hineindrängen bewirkt die Aufnahme und Absorption des neuen Elements (104). Die bodenverbessernde Maßnahme bestand darin, die Bäume dicht stehen zu lassen (103).
Dies alles sind Beispiele von Universitäten, bei denen es einen gemeinschaftlichen Landbesitz gibt. Man vermutet, daß es ein kollektives Gefühl der „Treuhänderschaft" gibt. Aber natürlich unterscheidet sich das nur in Nuancen von der Einschätzung, die eine Stadtverwaltung von sich hat. Sie ist ebenfalls damit betraut, zu erhalten, was sie geerbt hat, und weiterzugeben, was sie vollbracht hat. Auch sie besitzt Land und kontrolliert Wege und Versorgungsbetriebe. Daß die Beispiele sowohl für „Gebäude, die anders begriffen werden", als auch für „bodenverbessernde Maßnahmen" mit der Bepflanzung als verknüpfendem Element arbeiten, kommt wahrscheinlich, allgemein gesagt, daher, daß man im Norden die Bepflanzung zum Fixieren des Raumes benutzt, um Aktivitäten zu unterstützen oder zu unterdrücken, während man im Süden dafür gebaute Vorrichtungen einsetzt.

103
Schlafsaal,
Bryn Mawr College,
Louis Kahn, 1960-1965

104
Schlafsaal, Bryn Mawr College, Louis Kahn, 1960-1965,
von den Bäumen absorbiert

Allen Überlegungen zur Verknüpfung liegt die Notwendigkeit der Qualität zugrunde.
Ein Absatz aus dem Vorwort von Bertolt Brecht zu einer Produktion von Sophokles' *Antigone* aus dem Jahre 1948 endet nach einer erstaunlichen Beschreibung über die Bühnengestaltung und deren Benutzung wie folgt:
„Die Kostüme und Requisiten. Die Kostüme der Männer waren aus unbemalter Sackleinwand, die der Frauen aus Baumwolle geschneidert. Kreons und Hämons Kostüme hatten rote Ledereinsätze. Antigones und Ismenes waren grau. Auf die Requisiten wurde besondere Sorgfalt verwendet: sie wurden bei guten Handwerkern in Arbeit gegeben. Dies geschah nicht, um sie dem Publikum oder den Schauspielern echt erscheinen zu lassen, sondern lediglich, um dem Publikum und den Schauspielern schöne Gegenstände auszuliefern."[2]
Aufmerksamkeit, die besonders kleinen Dingen gewidmet wird, erzeugt bei den Nutzern ein Gefühl von Wert. Sie werden von der Tatsache erfreut, daß man Sorgfalt auf sie verwendet hat. Dieses Qualitätsgefühl ist nicht nur eine Frage der Verwendung teurer Materialien; Qualität zeigt sich durch den Gedanken, der die bestmögliche Nutzung eines alltäglichen Materials bedingte.
An diesem Punkt kehren wir zu den gewöhnlichen Einrichtungen des täglichen Lebens zurück: zum Parkplatz, zur Bushaltestelle. Diese Dinge können, durch Nachdenken, auf ein anderes Aktionsniveau gehoben werden (105).

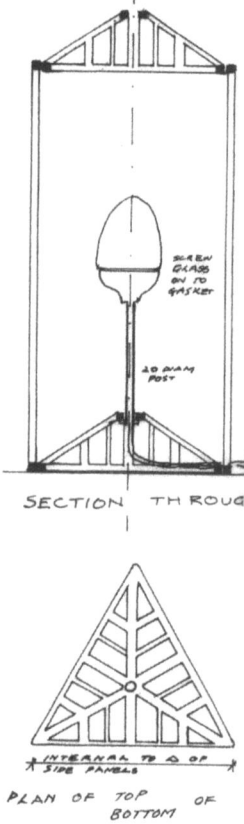

[2] Bertolt Brecht, Schriften zum Theater, Frankfurt am Main 1957, S. 227

Gußeiserne Gartenlaterne für Tecta, A.S., 1992, Werkzeichnung.
1999-2000 wurden diese Laternen dazu benutzt, um die Wiese, den Parkplatz und die neuen
Anpflanzungen mit der Landschaft zu verbinden.

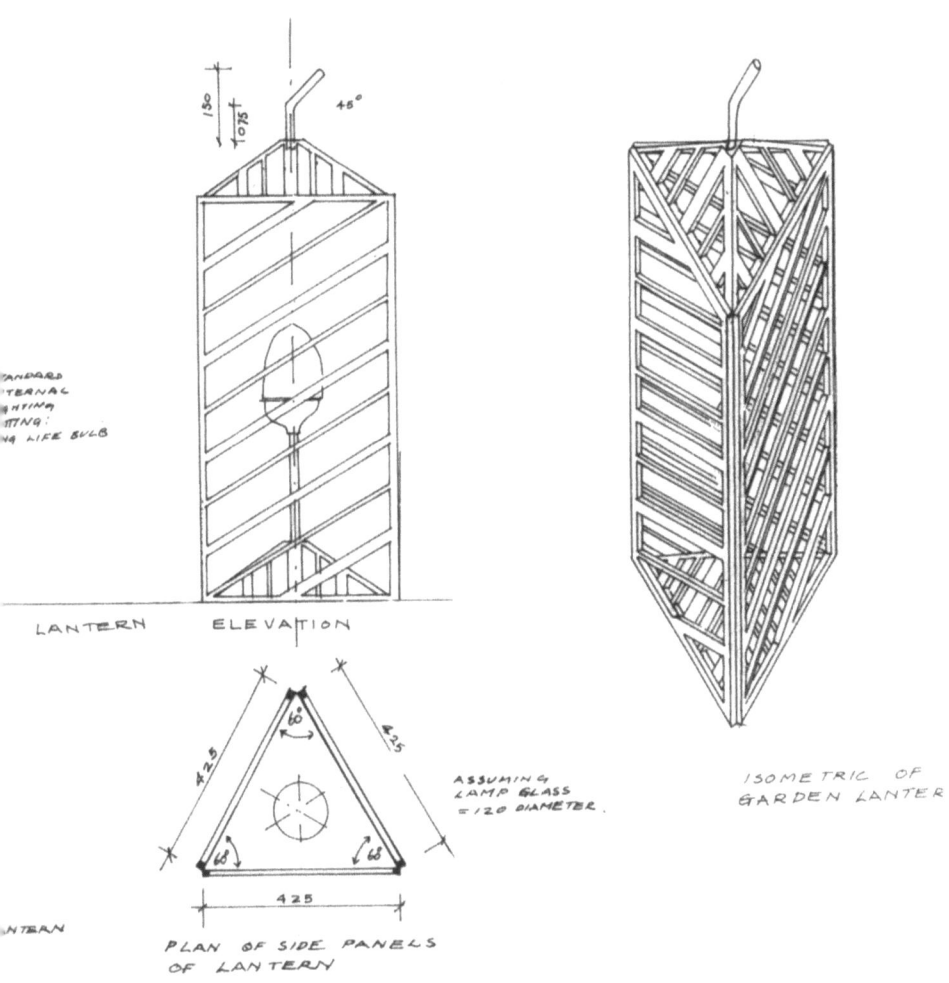

Zwei Türme

Siena
Im Oktober 1984 wurde die Entwicklung des neuen Turms für das alte *Hospital von Santa Maria della Scala*, der die Nutzungsänderung des Krankenhauses markieren sollte, gestoppt, weil man sich die richtige Farbe, eher die richtige Substanz der Farbe, für den neuen Turm nicht vorstellen konnte (106).
Im Mittelalter waren grüner und weißer Marmor in Siena kirchlichen Gebäuden vorbehalten; alle anderen Gebäude waren aus braunem Ziegel und grauem Stein.
Die Form des neuen Turms – der dreieckige Grundriß leitete sich von der Plazierung in der Kurve einer Straßenbiegung ab – war vielleicht ein Echo eines Turmes von Tony Garniers Cité Industrielle oder, weniger vage, von jenem Turm mit dreieckigem Grundriß, den Asplund 1937 für Stockholm projektiert hatte und der in der Bucht von Djurgardsbrunn aufgestellt werden sollte. Wie bei Asplund sollte es nur Linien geben und kein geschlossenes Volumen (107).

106
Die Jungfrau schützt Siena vor dem Erdbeben im August 1466, Francesco di Giorgio, Umschlag Biccherna 1467, Archivo di Stato, Siena. Aus der Zeit, als Ziegel rosa waren.

107
Turm für Stockholm, in der Bucht von Djurgardsbrunn, Gunnar Asplund, 1937

Die Entwicklung des Turms befand sich in einem prämateriellen Stadium: eine allgemeine, ziemlich plumpe Idee.

Gestrichene Stahlplatten würden zu sehr nach Ausstellungsarchitektur aussehen, sie würden kaum je nachgestrichen werden.

Edelstahl würde nach Strommast aussehen.

Aluminiumguß: „abgehängte High-Tech-Decken im Freien" – undenkbar.

Als der Eiffelturm neu war, war er von zitronengelb (an der Spitze) bis dunkelbraun (am Sockel) mit allen Schattierungen von Gelb bis Braun gestrichen: Chromgelb, Ocker, Siena, gebranntes Umbra, van Dyck-Braun. Er scheint jetzt keine Farbe mehr zu haben, der Eiffelturm wurde vom Geburtstagskind zur Institution. Der neue Turm, der für Siena geplant ist, feiert die Wiedergeburt eines alten und geschätzten Gebäudes. Im Februar 1994 dachte man nochmals über die Farbe nach, um genau zu sein, eher über das Wesen der Farbe. Der einzige Anhaltspunkt war, daß der Turm aus Linien besteht, aber ein Verweben von Linien kontrastiert bereits zu der Marmorschichtung von Linien, wie sie mittelalterliche Türme besitzen. Ein Turm mit verwobenen Linien würde vielleicht nicht wie ein Strommast aussehen. Eine neue Version wurde gezeichnet, dabei wurden die verwobenen Linien stärker betont. Und es zeichnete sich der Gedanke ab, daß der Turm braun sein sollte: verwobene, braune Linien – kräftige Linien, zwischen 50 und 80 Zentimeter breit (108, 109).

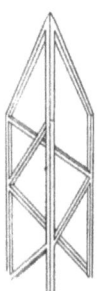

108
Interlocking Tower,
Siena, A.&P.S., 1994.
Zeichnerische Untersuchung
eines Cut-out-Bildes.

10
Interlocking Tower
Siena, A.&P.S
199
Überlagerung aus
geschnittene
Turmbilder, um da
Verweben de
Linien zu erziele

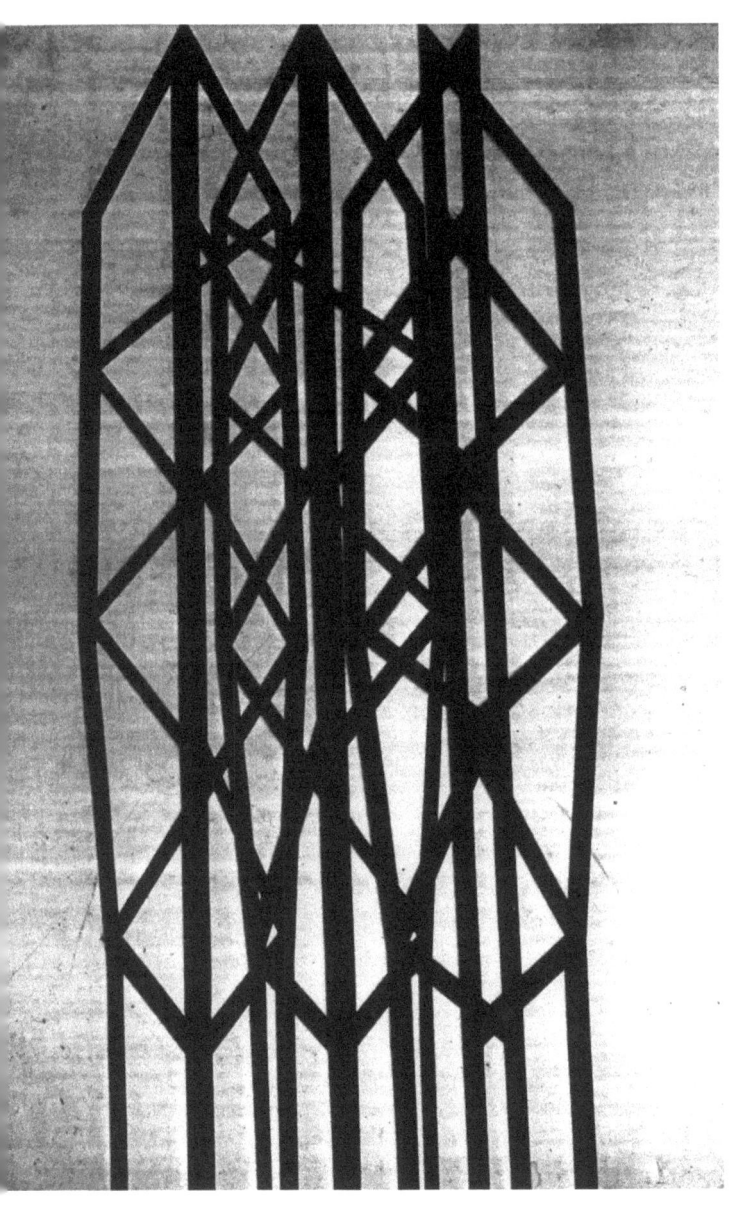

Der wesentliche Bestandteil der Farbe sollte Corten-Stahl sein, der Beschaffenheit nach wie die Arbeiten des baskischen Bildhauers Chillida, die braun und massiv, völlig ungeschützt, in der Nähe von San Sebastian am Meer stehen (110).
Damit würde neben dem alten Braun der Dächer von Siena ein neuer Braunton eingefügt. Das Braun entwickelte sich aus der Überlegung, daß sich die Farbe mit der braunen Düsterkeit von Siena verbinden sollte, der nach innen gekehrten Natur der Stadt (111).

110
Corten-Stahl-Skulptur am
Felsen in San Sebastian, Chillida,
gegen den Horizont in die Luft
gestellt

111
Interlocking Tower, Siena, A.&P.S., 1994.
Der Turm an dem geplanten Ort in Siena gezeigt.

Beverungen

Einen weiteren Turm gibt es in Beverungen, einer kleinen Stadt an der Weser in Deutschland, ein mittelalterlicher Zollturm an der Furt über den Fluß.

Um die geänderte Nutzung als Kragstuhlmuseum und als Jean-Prouvé-Archiv zu markieren, wird geplant, eine Linie aus vergrößerten Kragstuhlrahmen auf dem Dachfirst aufzustellen (112).

Den besten Blick auf den Turm hat man bei der Annäherung aus der Ferne, von den höher gelegenen Straßen der Umgebung aus. Von dort aus wären Besucher in der Lage, den Ort zu identifizieren, nach dem sie suchen.

Die Stuhlrahmen, symbolhafte Zeichen, werden wegen des relativ kleinen Rohrdurchmessers die massive Struktur des Zollturmes nur „leicht berühren" (113).

Die farbigen Rahmen erscheinen, von unten gegen den Himmel betrachtet, weniger massiv als, sagen wir, fünf Störche.

11
Zollturm i
Beverungen
A.&P.S., 1990
Blick auf den Turm
von der Brücke aus
Man sieht die not
wendigerweise ver
größerten Stühl
entlang des Firstes
Sie kennzeichne
die Nutzungsände
rung der Turmes
der jetzt da
Kragstuhlmuseun
und das Jean
Prouvé-Archi
beherberg

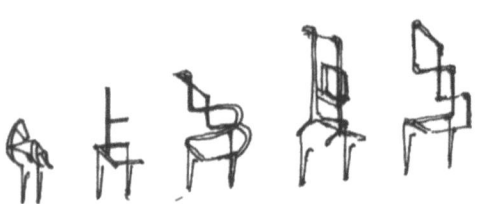

112
Zollturm in Beverungen,
A.&P.S., 1990
Diagramm der Linie aus Stühlen
mit Verbindungselementen zur
Befestigung am Dach

Die Anordnung der Rahmen entlang des Firstes ist die folgende:

Stam: weiß (Mart Stam, 22. November 1926, der mythische erste Stahlrohrkragstuhl)

Prouvé: blau (Jean Prouvé, 1924)

Mies: silbern (Mies van der Rohe, 1927)

Pogo: golden (oder gelb) (Alison und Peter Smithson, 1955) (114)

Wewerka: rot (Stefan Wewerka, 1981)

Die Rahmen sind in der Größe abgestuft wie die fünf Bremer Stadtmusikanten, von Stam, dem höchsten, dem „Gründer", bis zu Wewerka.

Anmerkung

Grau und Braun

Was signalisiert das Ende der Architektur des Zeitalters der Fahrräder? (Die zwanziger Jahre)
Die Ankunft von Grau und Braun (die dreißiger Jahre)

Was signalisiert das Ende von Grau und Braun?
Das Auftreten von unbearbeitetem Material (die fünfziger Jahre)
    Unbearbeitete Ziegel
    Unbearbeitete Steinblöcke
    Unbearbeiteter Stahl
    Unbearbeitete Farbe
    Unbearbeiteter Marmor
    Unbearbeitetes Gold
    Unbearbeiteter Lack

114
Pogo Stuhl, A.&P.S., 1955.
Ein Stuhl wurde am Themseufer bei Putney gegen den Himmel gestellt.

Anordnungen in Vororten

Tokio

Ein japanischer Vorort, den man aus dem Zug oder aus dem Auto sieht, ist wie das Raster der Stromleitungen angeordnet, die dem Straßennetz folgen. Die Linien variieren nach der Dichte der Verkabelung und der Häufigkeit der zylindrischen Transformatoren, die oben an den Masten befestigt sind. Sie liefern ein Bild von der Anzahl der Menschen pro Quadratmeter, vom relativen Reichtum und den Arbeitsvorgängen.
Der Ort hat die sogenannten *Pachinko Parlours*[1] an den Straßenkreuzungen, Leuchttürme als Navigationshilfen (115).
Und schließlich gibt es in größeren Abständen die Netze der Golfübungsplätze, die über den Häusern aufragen wie im Mittelalter die Kathedralen in Europa. Sie zeigen, wofür sich die Leute begeistern und fixieren durch ihre Gegenwart die umliegenden Gemeinschaften.
Eine Anordnung, die von einer gewissen Härte geprägt ist. Außenseiter empfehlen instinktiv, wie man diese Härte mildern kann, etwa indem man schmale, baumbepflanzte Streifen an Fußwegen einfügt, die durch die Gebäudestrukturen führen. Dies würde eine Entspannung bewirken, und es wäre ein zusätzliches Element in der Struktur des Ortes (116).
Bei den in Tokio herrschenden Bodenpreisen wird das natürlich schwierig sein. Aber Japan ist eine wohlhabende Nation, ohne weiteres in der Lage, in seine Hauptstadt zu investieren, um sie für die Bürger der Stadt lebenswerter zu machen.

1
Gepflanzte Streif.
in einem Vorort v
Tokio, A.&P.
19
Diagram
der Bepflanzu

1 Eine Art Spielhölle mit Ballspiel-Automaten

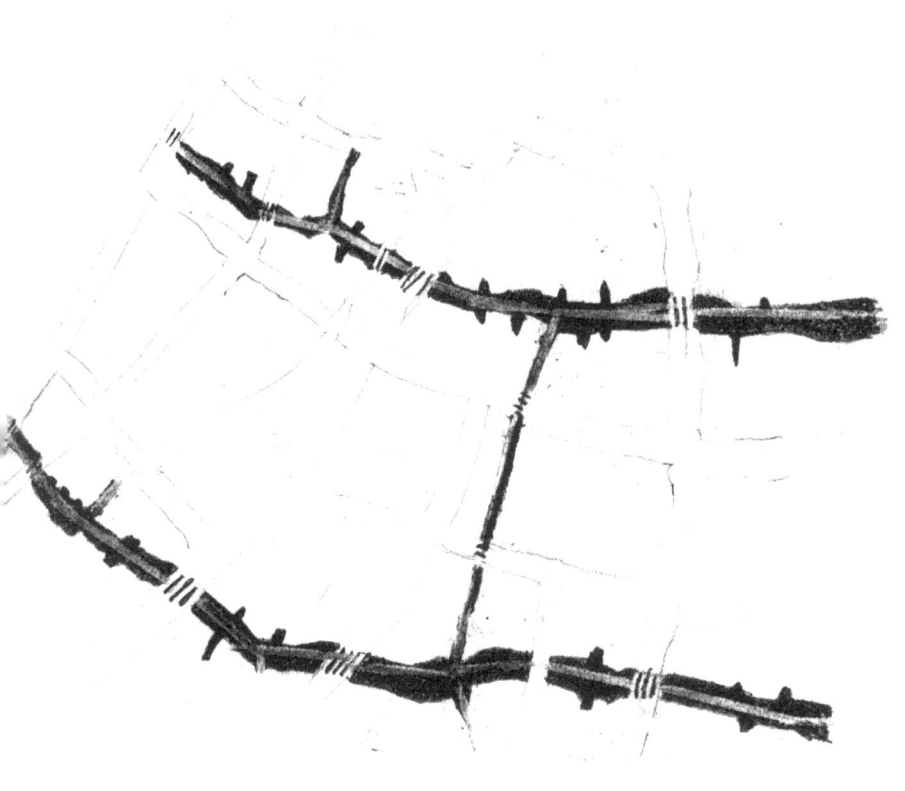

15
Gepflanzte Streifen in einem Vorort von Tokio, A.&P.S., 1994.
Versorgungsleitungen und Spielhallen bestimmen die Vororte von
Tokio.

San Marino

San Marino besaß immer einen Vorort unterhalb des Gebirgsvorsprungs. Auf dieser Seite, zum Meer hin, hat sich die Stadt in den letzten dreißig Jahren ausgebreitet. Die Anordnung hat sich auf überwältigende Weise der Geschwindigkeit der Autobahn nach Rimini angepaßt. Denn San Marino ist ein Ort, an dem man sich ausschließlich mit dem Auto fortbewegt (117).
Von der Grenze in der Nähe von Rimini bis zum Fuß des Gebirgsvorsprungs von San Marino hat die Autobahn Geschwindigkeitsbegrenzungen bis zu 50 Kilometer pro Stunde. Aber sie hat einen Straßenbelag und Leitplanken von der Art, wie wir sie von italienischen Schnellstraßen kennen; Straßen, die Geschwindigkeiten bis zu 110 Kilometer pro Stunde gestatten.[2]
Die Autobahn von San Marino hat aber mehr oder weniger Entscheidungsintervalle einer vorstädtischen Erschließungsstraße.
Normalerweise sind die Augen des Auto fahrenden Fremden auf die Straße gerichtet. Bei genauer Betrachtung ist die Autobahn überraschenderweise auf rund zwei Dritteln der Strecke an den Rändern bepflanzt, ohne daß dies einen landwirtschaftlichen Zweck erfüllen würde. Parkähnliche Randstreifen[3] wechseln mit kürzeren Abschnitten ab, an denen sich Geschäfte befinden.

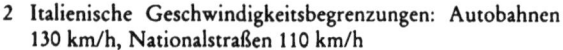

---

2 Italienische Geschwindigkeitsbegrenzungen: Autobahnen 130 km/h, Nationalstraßen 110 km/h
3 Diese erzeugen jedoch weder einen charakteristischen Geruch noch irgendeine Variation der Wahrnehmung des Himmels. Es gibt aber ungefähr einen halben Kilometer von San Marino entfernt einen Punkt, wo der Himmel durch die Ansicht vom Gebirgsvorsprung der Stadt „unterbrochen" ist.

117
Maßnahmen zur Geschwindigkeitskontrolle, San-Marino-Straße, A.&P.S., 1994.
Die Autobahn von Rimini bestimmt die Vororte.

Unter dieser Voraussetzung sollte man vielleicht einiges tun, um etwas Langsameres, Wohnlicheres zu erhalten:

Man sollte den Namen von Autostrada A 14 in San-Marino-Straße ändern.

Man sollte eine Geschwindigkeitsbeschränkung über den Austausch der Straßenoberfläche bewirken, die keine Autobahn signalisiert – durch eine Oberfläche, die weniger Lärm verursacht, wenn die Geschwindigkeitsbeschränkung eingehalten wird (118).[4]

Man sollte Baumreihen ergänzen, die rechtwinklig zur Straße verlaufen, um bewußt einen Abstand zwischen deren Verlauf und der Verbindung von Land und Straße herzustellen. Auf diese Weise läßt man sozusagen die Landschaft die Straße überqueren (119, 120).

118
Veränderter Straßenbelag

119
Kreuzende Baumgürtel

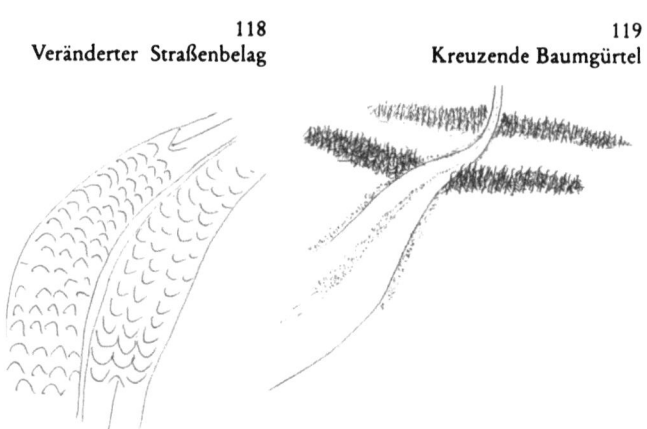

[4] Italiener mögen Lärm, so daß dies den umgekehrten Effekt haben könnte. Man überschreitet die Geschwindigkeitsbegrenzung, um den Lärm zu hören.

120
An den Straßenseiten gepflanzte Baumgürtel, San-Marino-Straße, A.&P.S., 1994.
An den Orten, die auf dem Übersichtsplan gekennzeichnet sind, wurde die Seitenbepflanzung an den Straßenrändern entfernt, um Ausblicke zu ermöglichen. Weitere Bäume wurden zum vorhandenen Bewuchs hinzugefügt, um die vorhandenen Ausblicke zu erhalten. Die Gebiete, die vor der Bebauung geschützt werden sollen, könnten Parks für die Nachbarschaften bilden.

Wo dies möglich ist, sollten der Mittelstreifen und die äußere Randbegrenzung mit Bepflanzung verändert werden, etwa mit Dornbüschen, die aufprallunempfindlich sind (121).

Man sollte Bepflanzungen hinzufügen, Ginster etwa, um Intervalle zu erzeugen, in denen man Duft wahrnimmt, auch wenn das nur funktioniert, wenn Temperatur und Verkehrsdichte stimmen. Denn das bleibt in der Erinnerung, sozusagen eine Verbindung über den Geruch (122, 123).

121
Gepflanzte Barrieren

122
Duftende Bepflanzung

123
San-Marino-Straße, A.&P.S., 1994.
Von der Grenze zu Italien bis zur Ansiedlung am Borgo Maggiore ist die Autobahn im Grundriß wie eine lange Schlange. Der Aufstieg nach San Marino wird durch die Ausfahrten, die Kurven und steilen Anstiege in kurzen Intervallen akzentuiert. Die seitliche Baumbepflanzung wird hier schwarz gekennzeichnet.

La Fornace

Mitten im Tal östlich von Urbino, direkt außerhalb der Stadtmauern, liegt La Fornace, ein Hof aus Ziegelstein, der viele Jahre verlassen war.
Gegenüber diesem Tal, auf einem Gebirgskamm ungefähr auf der gleichen Höhe wie die Stadt, liegt die Kirche von St. Bernardino, die der Architekt Francesco di Giorgio (1439-1501) entworfen hat.
In St. Bernardino ist der berühmte Herzog Federico begraben. Neben der Kirche befinden sich ein kleines Kloster und der Friedhof von Urbino. Dorthin kommen die Leute mit dem Auto oder mit dem Bus, um ihre Toten zu besuchen. Die paar Minuten, die man durch eine ländliche Gegend fährt, wenn man das Tal zwischen Urbino und St. Bernardino durchquert, sind ein Zeitabschnitt, der der Vorbereitung dient (125).
Der Vorschlag zur Wiedernutzung des Geländes von La Fornace als Pflanzen-Versuchsanstalt sieht vor, den landwirtschaftlichen Charakter des Tals zu erhalten und wiederherzustellen, so daß die Wahrnehmung des ruhigen Zeitabschnitts erhalten bleibt (124).

12!
Blick au
St. Bernardin
mit dem offenen Ta
östlich von Urbin

124
La Fornace, A.&P.S., 1993.
Blick auf den
Haupterschließungsweg.
Das Zentrum des Gebietes wird grün und belaubt, nur der alte Ziegelhof wird erhalten.

Das Grundstück von La Fornace kann über die Straßen der Stadt und durch ein bestehendes Tor in der Stadtmauer zu Fuß erreicht werden. Direkt vor diesem Tor wird ein neuer Pfad geplant, der in ein flaches Tal hinunterführt, wo man eines der Enden der mit Backsteinen gepflasterten Hauptzufahrtsstraße zur Pflanzen-Versuchsanstalt betritt (127).

Wir folgen hier dem antiken Vorbild, dessen Tradition in Urbino von Francesco di Giorgio im 15. Jahrhundert fortgesetzt wurde. Eine gepflasterte Oberfläche kann auch zum Sammeln von Wasser genutzt werden. Die Hauptstraße leitet das Wasser in einen in der Mitte liegenden Rinnstein und weiter in eine darunterliegende Zisterne. Das so gesammelte Wasser kann, falls nötig, für die landwirtschaftlichen Versuchsbeete verwendet werden (126).

12?
La Fornace, A.&P.S., 199?
Die vorgeschlagen? Neunutzung des Gebietes i? der Versuch, das Geländ? auf dieser Seite von Urbin? belaubt zu erhalten. D? Raum des Gebietes von L? Fornace wird durch d? Form des Geländes und d? Baubepflanzung gepräg? Die Bäume wurden bewuß? auf dem Gelände, das zu? Bewirtschaftung zu steil is? in Streifenform oder a? Gürtel gepflanzt. Entlan? des Wasserlaufes folgt d? Bepflanzung diesem. Dies? Baumgürtel bilden räuml? che Einfriedunge? Ein Aphorismu? Der Raum in umschlossene? Städten entsteht durch d? Gebäud? Der Raum in der Landscha? entsteht durch d? Bepflanzung mit Bäume? Ersteres ist im Winter a? deutlichsten wahrnehmba? letzteres im Somme?

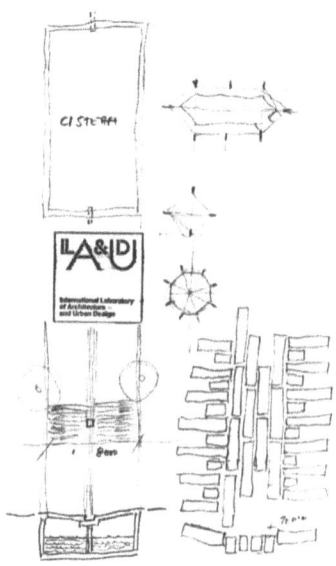

126
La Fornace, A.&P.S., 1993.
Detailskizze des Rinnsteins und der Zisterne.

Feuerwerk im Calanco

In San Marino gab es ein Programm zur Wiederherstellung der Calanci (Böschungen, deren Oberflächen zu Geröll zerbröckelt sind, ohne jegliche Vegetation), um sie wieder landwirtschaftlich zu nutzen.
Auf den Calanco von San Giovanni schaut man vom Mauerumgang vom San-Marino-Felsen aus hinunter. Er bietet sich als wildromantische Attraktion in der Landschaft dar.
Um das neue Bewässerungssystem, das man von einem oberhalb des Calanco gelegenen Punktes aus sehen kann, dramatischer zu konturieren, soll es beleuchtet werden, wie mit Son et Lumière.[1]
An Feiertagen soll das langsame Wachstum des Grases mit einem riesigen Freudenfeuer gefeiert werden, das in der Mitte des Tals entzündet wird und den Raum von unten beleuchtet. Der Rauch steigt zur Spitze der Stadtmauern von San Marino auf. Beim Verlöschen des Feuers sollten von der Kante des Calanco aus Hunderte von Feuerwerkskörpern farbiges Licht über den Rand in das Dunkel darunter aussenden (128, 129).

128
Betonplattformen für Feuerwerkskörper

1 Eine Beleuchtung, die Licht auf die Umrisse der Gegenstände wirft, um diese zu betonen.

129
Feuerwerk, San Giovanni Calanco, A.&P.S., 1995.
Ein riesiges Feuerwerk, das man nachts im Zentrum des Calanco
sieht. Feuerwerkskörper ergießen „Feuer" über die Kante.

Schaden an der Vegetation:
oberflächlich;
Brandrisiko:
an Vorführungsabenden,
Bereitschaftsfeuerwehreinrichtungen auf
beiden Seiten, mit Funkkontakt;
Belästigung der Tierwelt:
weniger als bei einem Gewitter,
Vorführungen außerhalb der
Brut- und Aufzuchtszeit.

Wenn die Asche des Feuers erkaltet ist, würde sie verstreut, als eine Opfergabe für das Gras. Die einzigen Bauten im Calanco-Tal wären die Plattform für das Feuer sowie Schutzhütten und Futterplätze für die Tiere, die die endgültigen Bewohner sein werden (130).
Nur Servicefahrzeuge für die Tierhaltung sind erlaubt. Es wird einen beschränkten Zugang für Wildtier-Begeisterte geben: Fußwege, von versteckten Parkplätzen am Rande des Calanco aus nach unten.
Diese Fußwege sollen aus vorgefertigten Holzbohlen gemacht werden. Durch Aussteifungsseile werden sie an eingeschlagenen Pfählen gesichert, so daß Bewegungen der Oberfläche aufgefangen werden können und die Route des Fußweges sich verändern läßt, falls es sich als notwendig erweist (131).

1?
Feuerwerk, Sa
Giovanni Calanc
A.&P.S., 199
D
Erschließungswe
für Naturliebhab
in das nördlic
Gebiet des Calan
sind flexible Steg

130
Feuerwerk, San Giovanni
Calanco, A.&P.S., 1995.
Detail der Betonplattformen, die
das Freudenfeuer „enthalten".
Die Asche wird mit Maschinen
durch die offengelassenen
Spalten entfernt.

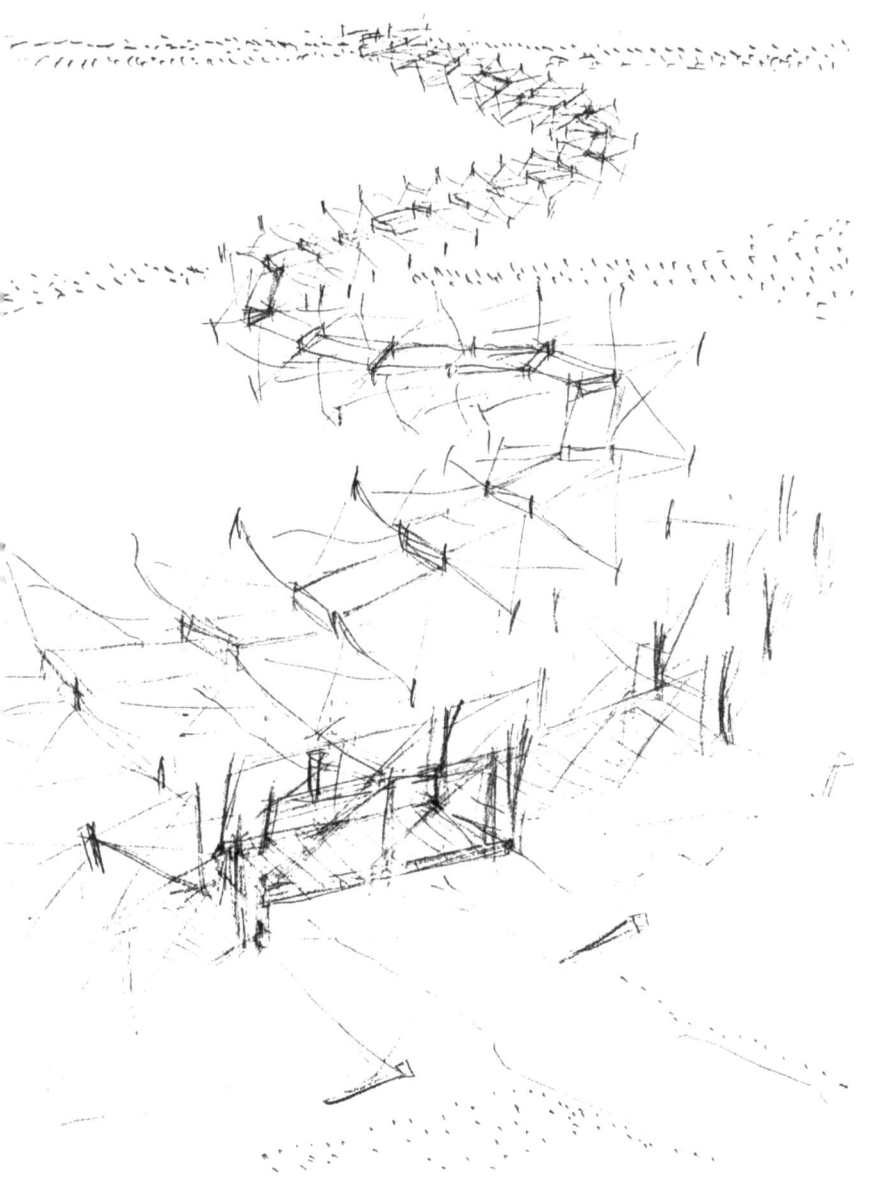

Einbettungen

An Sandstränden mit herausragenden Felsen bleiben, wenn die Flut abnimmt, an bestimmten Orten, wo sich die Felsen häufen, kleine Becken zurück.

Ganz ähnlich kann eine Ansammlung von Gebäuden eingebettete Zwischenräume enthalten. Wie bei den Felsbecken scheint das, was sich in diesen Zwischenräumen befindet, außergewöhnlich lebendig zu sein.[1]

Hinter dieser Parallele steckt die Erkenntnis, daß sich der Schwerpunkt der Aufmerksamkeit verlagert hat: von Gebäuden als Objekten auf den Beitrag, den Gebäude zur räumlichen Formulierung des Territoriums leisten. Diese räumliche Formulierung sollte die beherrschende Tätigkeit unserer Zeit sein, genauso wie der Wohnungsbau die beherrschende Tätigkeit der Architekten der heroischen Periode war.

Wenn man darüber nachdenkt, scheint es, daß die Eingriffe[2], die am Fabrikgebäude der Firma Tecta in Lauenförde[3] gemacht worden sind, dazu dienten, der ursprünglichen Gebäudestruktur der Fabrik mehr Substanz zu geben. Lagerung, Beladen und Entladen, die maschinellen Tätigkeiten, liegen auf der Seite an der Erschließungsstraße, Aktivitäten dagegen, bei denen Menschen stärker involviert sind, liegen auf der zur Landschaft offenen Seite. Wir haben die Fabrik Schritt für Schritt zur Landschaft hin geöffnet (132).

1 Das trifft teilweise auch für die am häufigsten nachgefragte Fotografie des *Economist Building* zu, die vom „Mann mit der Melone". Ähnlich ist es mit den Fotografien von den spielenden Kindern in *Robin Hood Gardens* oder von der Gartenparty in *St. Hilda*.
2 Eingriffe, Anpassungen, kosmetische Aktionen wurden als die notwendigen Tätigkeiten der vierten Generation in „Drei Generationen" gekennzeichnet. Vgl. Alison und

132
Tecta, Lauenförde, A.&P.S., seit 1986.
Luftaufnahme von Südwesten mit *Yellow Lookout*.

Peter Smithson, Italienische Gedanken. Beobachtungen und Reflexionen zur Architektur, Braunschweig/Wiesbaden 1996, S. 14ff.
3 Lauenförde ist eine Kleinstadt an der Weser südlich von Hameln auf der Höhe des 51. Grades nördlicher Breite zwischen Hannover im Norden und Kassel im Süden. Tecta produziert moderne Möbel aus der heroischen Periode der Moderne, aus den Dreißigern und von den Fünfzigern bis heute. Die ursprüngliche Fabrik wurde in den sechziger Jahren errichtet.

Es gibt drei erkennbar eingebettete Becken: am Eingang, im Gartenhof und auf der dahinterliegenden Wiese.

Becken am Eingang

Die Seite zur Erschließungsstraße bleibt gegen Eindringlinge und wegen des Lärms „geschlossen", außer am Eingang.
Der Eingangsraum wurde zurückhaltend verändert, indem die vorhandene schwarze Attika mit poliertem Edelstahl überdeckt wurde. Es reflektiert auf eine magisch verzerrte Weise das, was sich vor ihm befindet: ein Schirm mit gemischter Bepflanzung aus Zuckerahorn, Fichten, Kiefern und Birken. Innerhalb der Einfriedung, die durch den Schirm und dessen Reflexionen erzeugt wird, wurden verschiedene Vorrichtungen entwickelt, um die Aufmerksamkeit auf die Tätigkeit in der Fabrik zu ziehen und um die Besucher zum Eingang zu führen (133, 134).

133
Eingangsplattformen, Tecta, Lauenförde, A.&P.S., 1990.
Blick auf die *Plattformen*, die zum Eingang führen, mit Gegenständen, die zeigen, was in der Fabrik produziert wird (ein Stuhl von Wewerka, Eichenmuster *Hexenbesenraum*).

134
Kragstuhlzeichen auf dem Dach, Tecta, Lauenförde, A.&P.S., 1995.
Die Figuren auf dem Dach von links nach rechts: Karl Unglaub, Hermann Koch, Axel Bruchhäuser. Der Förderer der Arbeiten für Tecta ist die Person rechts.

Becken im Gartenhof

Für diejenigen, die in der Fabrik arbeiten, wurde das abgeschlossene Becken, der ruhige Raum, den der Gartenhof bildet, zugänglich gemacht, zum Hinaus- und Hineinsehen, während man sich die Hände wäscht, „eine der kleinen Freuden des Lebens"[4], zum Hineingehen, durch einen Durchbruch in der Kantinenwand, mit einem kleinen, möbelartigen *Porch*, der in den Gartenhof ragt und dessen Türen zum *Yellow Lookout* führen, von dem aus man die Landschaft jenseits der Wiese sehen kann (135-137).

135
Herrentoilette, Tecta, Lauenförde, A.&P.S., 1986-1990. Blick vom Flur mit Ausblick in den Gartenhof.

4 Vgl. Alison und Peter Smithson, Changing the Art of Inhabitation, London 1994, S. 112

Eingriffe von A.&P.S. bei Tecta

Tecta-Plattformen	A.S., 1990
Kantinen-Porch	A.S., 1990
Toilettenbaum	A.S., 1986-1990
Yellow Lookout	A.S., 1991
Nähraum-Porch	A.S., 1992-1995
Edelstahlgesimsbänder	P.S., 1995
Axels Büro-Porch	P.S., 1995
Die Wiese	P.S., 1996
Weberei-Porch	P.S., 1996-1997
Panorama-Porch	P.S., 1997-1998
Metallwerkstatt-Porch	P.S., 1998-2000
Father's Room	P.S., 1999

und eine Anzahl kleinerer Eingriffe

137
Kantinen-Porch, Tecta,
Lauenförde, A.&P.S., 1990.
Blick vom Dach mit
Edelstahlattika.

138
Kantinen-Porch, Tecta, Lauenförde, A.&P.S., 1990.
Blick vom Gartenhof, bevor die Edelstahlattika angebracht wurde.

Das Gelb des *Porch* und des *Lookout*, der zwischen die Äste zweier großer Zuckerahornbäume plaziert wurde und von der Edelstahlattika reflektiert wird, macht den Hof zu einem richtigen Rückzugsort (139, 142).
Der Prozeß der Neuorientierung der Fabrik zur Wiese begann mit dem *Kantinen-Porch* und wurde durch den *Yellow Lookout* fortgesetzt (140, 141).

142
Yellow Lookout,
Tecta, Lauenförde,
A.&P.S., 1991.
Isometrie.

139
Yellow Lookout, Tecta,
Lauenförde, A.&P.S., 1991.
Blick vom Kantinen-Porch aus
auf den Lookout mit Schnee,
bevor die Edelstahlattika angebracht wurde.

140
Yellow Lookout, Tecta,
Lauenförde, A.&P.S., 1991.
Blick in die Landschaft, nachdem die Edelstahlattika angebracht wurde.

141
Yellow Lookout, Tecta,
Lauenförde, A.&P.S., 1991.
Blick vom Dach auf die
Landschaft.

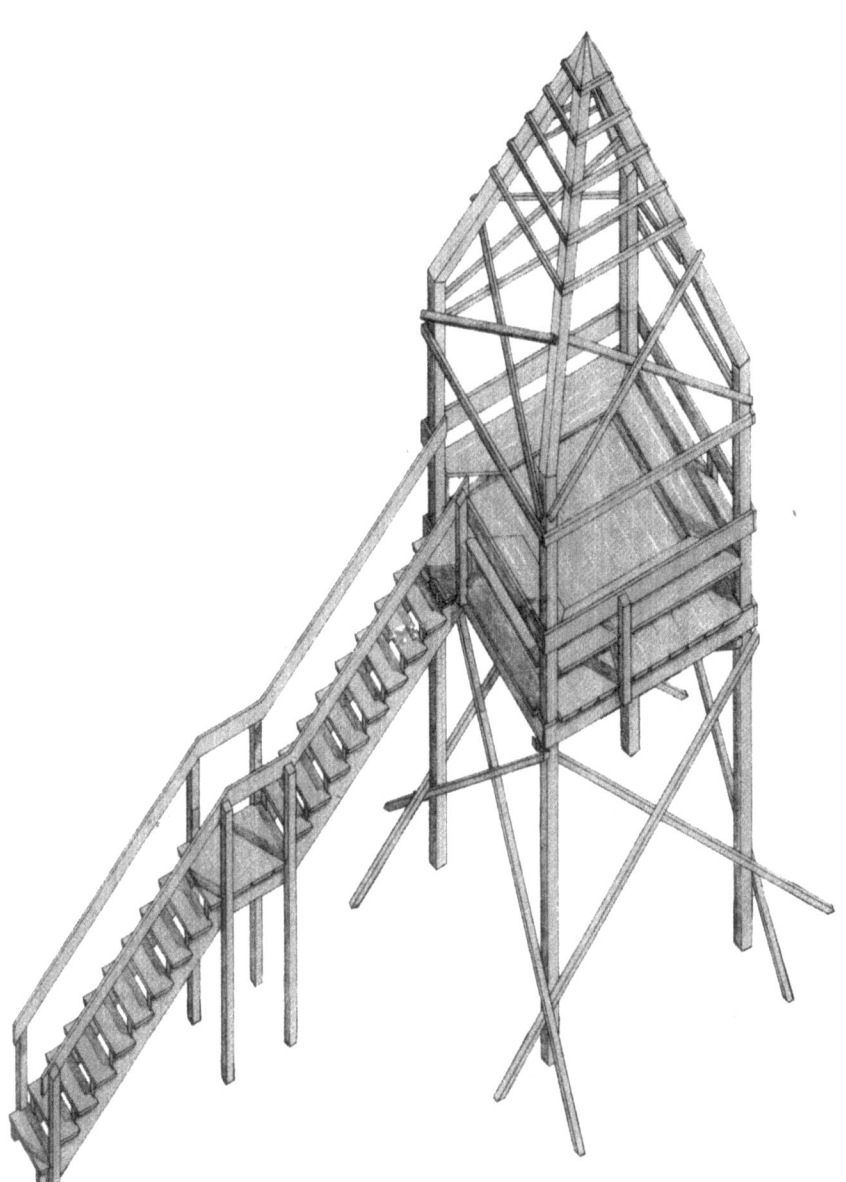

Becken in der Wiese

Die Wiese, die auf einer Längsseite durch einen Bach mit einer Baumreihe klar begrenzt ist, wurde an den Rändern zusätzlich bepflanzt, nach Art der Seitenschirme[5], wie sie in der englischen Landschaftsgestaltung des 18. Jahrhunderts üblich waren. Dadurch läßt man die Wiese gleichsam in sich selbst blicken.

Die Fabrik wurde auf diese Wiese hin neu ausgerichtet. Wenn man hinausschaut, sieht man innerhalb eines einspringenden Winkels des Beckens die Dachstruktur von Jean Prouvé aus den vierziger Jahren mit der dazugehörigen Modulor-Figur von Le Corbusier (143).

Diese Vorrichtung soll durch andere ergänzt werden, zum Beispiel einen Rundweg mit Laternen als Markierung, um das Gefühl der „Nach-innen-Gewandtheit" des Wiesenraumes zu erhalten (144).

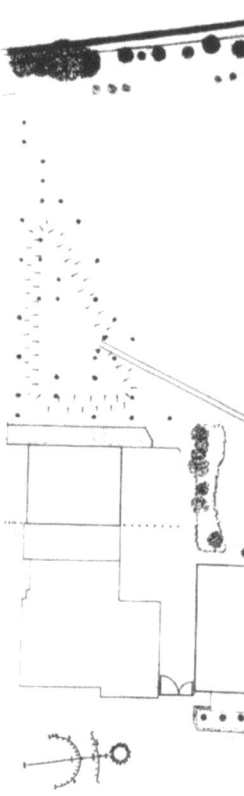

143
Blick auf die *Prouvé-Dachkonstruktion*

5 In den englischen Landschaftsgärten wurden Gürtel aus Bäumen angepflanzt, um Einfriedungen (ähnlich wie Seitenbühnen bei einer Theaterbühne) herzustellen. Innerhalb dieser Einfriedungen befanden sich Einzelbäume.

Außenanlagen, Tecta, Lauenförde, A.&P.S., 1995-2000.
1999-2000 wurden ein zusätzlicher Parkplatz und eine Straßenbepflanzung angelegt, die zusammmen mit der Wiese eine Landschaft bilden.

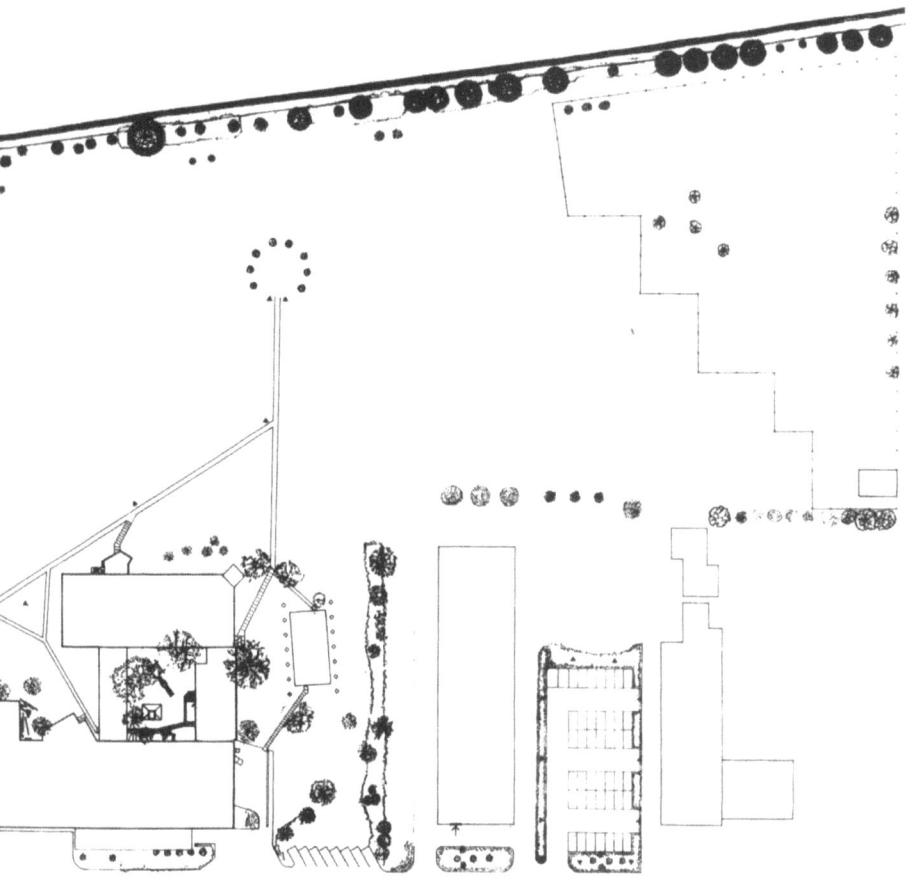

Die „Rückseite" der Fabrik, die jetzige Wiesenansicht, wird zur „Vorderseite". Sie verbindet sich mit dem, was davor liegt.[6]
Auf einen Raum jenseits der Wiese, der durch einen weiteren einspringenden Winkel gebildet wird, öffnet sich Axel Bruchhäusers[7] Arbeitsraum auf einer Diagonalen. Dadurch wird die am weitesten entfernte Grenze der Wiese fixiert (Abb. 145, 146).

145
Axels Büro-Porch, Tecta, Lauenförde, A.&P.S., 1995.
Blick vom Garten aus, unter einem Zuckerahornbaum.

6 Eine der Eigenschaften der *konglomeraten Ordnung*, vgl. Alison und Peter Smithson, Italienische Gedanken. Beobachtungen und Reflexionen zur Architektur, Braunschweig/Wiesbaden 1996, S. 116
7 Axel Bruchhäuser ist Geschäftsführer der Firma Tecta und Förderer von Möbelentwicklungen und Architektur.

146
Axels Büro-Porch, Tecta, Lauenförde, A.&P.S., 1995.
Blick auf die Wiese mit der Linie aus Bäumen.

Auf die gleiche Weise, wie der *Kantinen-Porch* mit dem Gartenhof umgeht, reagiert hier an der Wiesenansicht der *Näherei-Porch* mit der Wiese. Er gibt einen Überblick und öffnet einen Zugang von der Fabrik in die Landschaft (147,148).

Die Edelstahlattika bindet, zusammen mit dem Betonsockelband[8], den Nähereiraum in das Fabrikensemble ein; durch die Reflexion der Attika wird er mit der Wiese verbunden.

147
Näherei-Porch, Tecta, Lauenförde, A.&P.S., 1992-1996.
Blick durch den Porch auf die Wiese und die Bäume.
Auf dem Dach befindet sich ein Stuhl, um in den Arbeitspausen Ausschau zu halten.

8 Verknüpfung ist eine Eigenschaft der *konglomeraten Ordnung*.

148
Näherei-Porch, Tecta, Lauenförde, A.&P.S., 1992-1996.
Blick über die zukünftige Wiese (gegenwärtig ein Getreidefeld) auf die Baumreihe entlang des Baches und auf die Landschaft jenseits davon.

Alles in allem verursachen die eingebetteten Becken nicht nur eine Verknüpfung mit der direkten Umgebung, sondern mit der weiter entfernten Landschaft (149).

Die ursprüngliche Fabrik wurde zu einer Zeit gebaut, als Deutschland immer noch arm war, mit einer Gebäudestruktur und einer Ästhetik, die sich auf das Bauhaus beziehen. Man könnte sagen, daß dies ein bewußter Neuanfang war. Die gegenwärtige Öffnung der Fabrik zur Landschaft entbietet einer grüneren Zeit ein bescheidenes Willkommen (150).

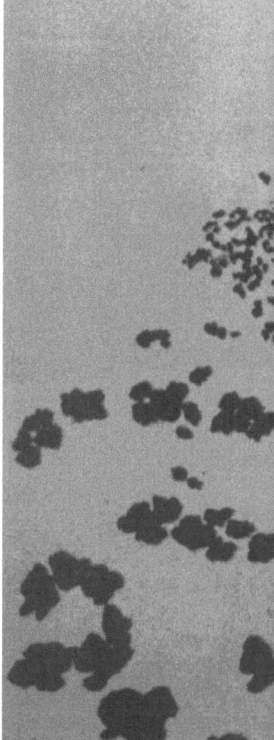

149
Näherei-Porch, Tecta, Lauenförde, A.&P.S., 1992-1996.
Blick von der Wiese aus.

150
Mohnblumen, A.&P.S., 1976.
Das Mohnblumenbild stammt aus der Bilderserie für die *Tram Rats*, die im Art Net ausgestellt wurde. Wir beabsichtigen, Mohnblumen in Axels Wiese zu sähen.

Zuhause sein

Anläßlich der großen Rietveld-Ausstellung, die 1992 in Utrecht stattfand, veröffentlichte man ein Interview mit Truus Schröder-Schrader. Darin betont sie, daß es ihre Vorstellungen waren, wie ihre Familie leben sollte, die der Gestaltung des Hauses seine Besonderheit verliehen (151, 152).
Rietveld selbst sagte viel später: „Es war ein Experiment, ich habe es nie wieder gemacht."
Aber für holländische Verhältnisse scheint es kein Experiment, eher die Fortsetzung der bürgerlichen Tradition, daß die Ideen für die Räume von den Menschen kommen sollten, die darin leben sollen. Der Architekt und die Baufirma sollten sie in Architektur und bauliche Angemessenheit verwandeln.
Das ist es, was die Bilder von Vermeer und Pieter de Hooch feiern. Häuslichkeit, die drinnen und draußen die gleiche Qualität hat, mit brauchbaren Höhen und brauchbarem Licht, achtsam mit Ausblicken nach draußen und achtsam mit Einblicken nach innen umgehend, alles ist zum Anfassen gemacht.

151
Rietveld-Schröder-Haus, Utrecht, Gerrit Rietveld, Truus Schröder-Schrader, 1924.
Obergeschoß
Truus Schröder-Schrader, 1978.

152
Rietveld-Schröder-Haus, Utrecht, Gerrit Rietveld, Truus Schröder-Schrader, 1924, Obergeschoß.
In die Prins Hendriklaan kommt der Frühling.

Seit 1986 haben wir mit jemandem zusammengearbeitet, der eine ebenso klare Vorstellung von der Gestaltung des Wohnraumes hat, den er braucht, wie Truus Schröder-Schrader. Mit einem solchen Menschen zu arbeiten heißt, Vorstellungen zu erhalten, stark empfunden und ausgedrückt, die der Anfang einer räumlichen Umgestaltung sind. Jeder gibt, was der andere benötigt. Das Haus dieses Menschen, das *Hexenhaus*, wurde nach dem Zweiten Weltkrieg in den Wäldern, die sich zur Weser hin senken, in Bad Karlshafen in Deutschland gebaut. Ein großer Teil des umliegenden Landes ist ein Naturschutzgebiet. Auf dem Grundstück sind die Bäume außerordentlich groß, das Haus wird durch sie zum Zwerg, es scheint dunkel, weswegen es als *Hexenhaus* bekannt wurde. Das Haus ist in traditioneller Weise gebaut, Steinwände im Erdgeschoß, Fachwerk darüber. Es sieht aus, wie man sich in einem Märchenbuch ein kleines Haus in einem deutschen Wald vorstellt.
Die Besitzer dieses „Hänsel-und-Gretel-Hauses" – die Person und ihre Katze – hatten, wenn sie sich im Inneren ihres Hauses aufhielten, das Gefühl, daß sie die Qualität der umliegenden Wälder nicht genügend würdigen konnten (153, 154).

153
A.&P.S. und Axel Bruchhäuser vor dem *Hexenhaus*, bevor *Axels Porch* angebaut wurde.

154
Axels Porch, Hexenhaus, Bad Karlshafen, A.&P.S., 1986.
Blick in den Innenraum.

Zuerst überlegten sie sich, daß sie einen ganz offenen *Porch* wollten, der ihnen eine weite Öffnung in den Wald bietet, wie die französischen Fenster, die das Haus bereits besaß. Dann erinnerten sie sich daran, daß sie im Sommer nie etwas offenlassen, wegen der Fliegen.

Deswegen wurden bei *Axels Porch* die zwei Hälften der original französischen Fenster und die speziellen Metallwetterschutzbeschläge wieder verwendet. Die Fenster wurden als separate Türen benutzt, die vom *Porch* auf die beiden gewünschten Pfade führen. Die Rahmen des Porch halten die Rundum-Verglasung wie ein gebauter Teil des Waldes – zwei künstliche Bäume, deren Äste von den Jahreszeiten unberührt bleiben (156).

Jemand hat einen Ecksitz hinzugefügt, es am Ende für gut befunden, dort in einer erhöhten Ecke zu sitzen; an der Stelle der Eckablagekiste, die zugleich als Sitz und Sockel entworfen war, aber nicht gebaut wurde. Jemand anders hat eine kleine farbige Blende aufgehängt. Der Vorschlag der Architekten, winzige Stücke farbigen Plexiglases einzufügen, wurde nicht aufgegriffen. Die Katze schaut durch ihr Fenster auf die Terrasse darunter, wie beabsichtigt (155).

155
Axels Porch, Hexenhaus, Bad Karlshafen, A.&P.S., 1986. Blick durch das Katzenfenster im Boden der Auskragung.

156
Axels Porch, Hexenhaus, Bad Karlshafen, A.&P.S., 1986.
Blick auf den Fluß bei offenen Türen.

Genauso wie man sich es vorgestellt hat, erweitert der *Porch* die Lebensweise von Mann und Katze nach außen. Beide sind mit dem Lauf der Jahreszeiten in ihrem geliebten Wald verbunden, ob Wald und *Porch* frei von Blättern sind oder mit Blättern gemustert; ein heller Ort bei Schnee und bei Sonnenschein. Es ist ein mit der Witterung verbindender Ort bei Regen[1], und bei Wind streicht die Luft über die Konstruktion des *Porch*. Hangabwärts vom *Hexenhaus* fließt die Weser und das *Riverbank Window* öffnet das Haus zum Fluß nach außen und nach innen (157, 158).
Man kann an der Fußbodenkante sitzen und seine Füße „draußen" baumeln lassen.
Genauso wie bei *Axels Porch* nimmt man das Fenster nicht als Erkerfenster wahr, die Linie der Wand ist nach außen gebogen. Es ist eher ein weiterer Raum außerhalb der Wand, eine weitere Schicht.

1!
Riverbank Window
Hexenhaus
Bad Karlshafen
A.&P.S., 199
Blick auf die Wese

157
Riverbank Window, Hexenhaus,
Bad Karlshafen, A.&P.S., 1990.
Blick von der Terrasse.
Es hängt wie ein Käfig für große Vögel von der Wand.

1 Man spürt durch das Geräusch des Regens, wie es regnet.

Eine außergewöhnliche Wirkung, einfach die Folge davon, daß sich die Seitenanschlüsse jenseits der Sichtlinien befinden, die man von innen hat.
Die Äste der Bäume wachsen über das *Hexenhaus*. In das Dach wurden Löcher gemacht, um die Äste ins Innere zu lassen. Die geometrische Sprache dieser Löcher ist von der gleichen Ordnung wie bei *Axels Porch* und dem *Riverbank Window* (159, 160).

159
Sauna-Dachfenster, Hexenhaus,
Bad Karlshafen, A.&P.S., 1996.
Das Laub der Buche
wird in der Verglasung des Fensters reflektiert.

160
Sauna-Dachfenster, Hexenhaus, Bad Karlshafen, A.&P.S., 1996.
Blick nach oben in die Buche.

Ein Loch geht durch den Fußboden bei der hinteren Traufe, um den Raum im Erdgeschoß zu öffnen und zu beleuchten. Das andere geht an der vorderen Traufe durch das Dach in denselben Raum (161, 162).

161
Löcher, Hexenhaus, Bad Karlshafen, A.&P.S., 1990.
Dreieckiges Loch in den Wohnraum, das Riverbank Window befindet sich links und Axels Porch ist im Hintergrund.

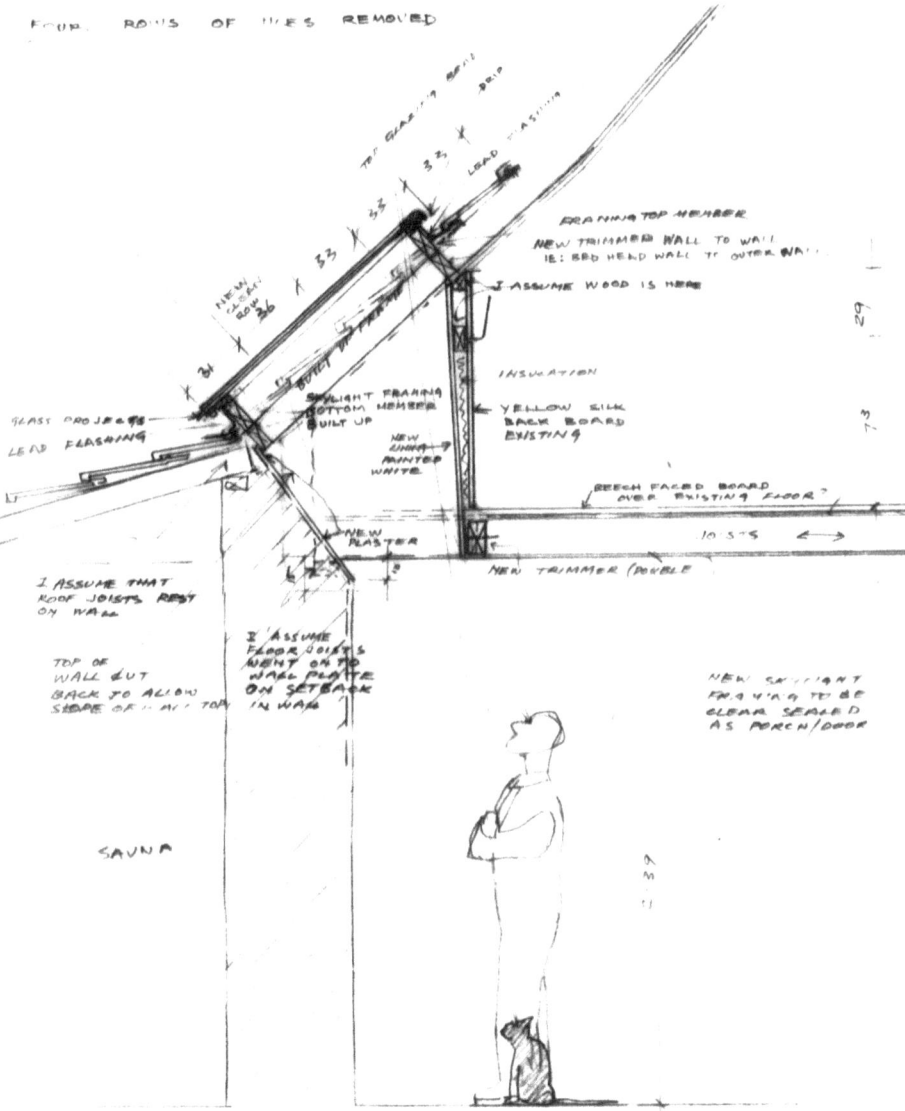

Der *Hexenbesenraum* ist ein kleiner Pavillon auf Stützen, der über dem abfallenden Hang errichtet ist und über eine Brücke vom Hexenhaus erreicht wird (163, 164).

163
Hexenbesenhaus, Bad Karlshafen, A.&P.S., 1991-1996.
Isometrie, die die Verbindung zum Hexenhaus zeigt.

164
Hexenbesenhaus, Bad Karlshafen, A.&P.S., 1991-1996.
Blick von der Straße.

Er wurde aus Holz gebaut. Ein Teil der äußeren Hülle ist aus Glas, um zum Fluß hinschauen zu können, nach hinten zum *Hexenhaus*, nach unten in den Wald, nach oben in den blättrigen Baldachin der Bäume und in den Himmel (165).
Wie bei allen anderen Veränderungen, die am *Hexenhaus* vorgenommen wurden, ermöglicht der *Hexenbesenraum* eine weitere Verknüpfung des Hauses mit allem, was rundherum liegt (166).

165
Hexenbesenhaus, Bad Karlshafen, A.&P.S., 1991-1996. Blick vom Innenraum nach oben in den Wald.

166
Hexenbesenhaus, Bad Karlshafen, A.&P.S., 1991-1996.
Detailansicht des Aussichtsfensters von Westen.

Von oben - nach oben

Eines der Gesetze der *konglomeraten Ordnung* besagt, daß „alle Fassaden gleichermaßen von dem, was vor ihnen liegt, in Anspruch genommen sind; das Dach ist eine weitere Ansicht".[1]
Die Dinge auf einem Dach stellte man sich in der Vergangenheit niemals unsichtbar vor. Man bedenke die Rolle, die die Schornsteine auf den Dächern der Terrassen in Bath oder im Regent Park spielen. Sie sprechen eindeutig zum Himmel. Das Dach muß natürlich mit den anderen Ansichten im Einklang stehen. Es ist zusammen mit ihnen eines der Gesichter eines Eingriffs im Raum. Falls dieser Eingriff jedoch durch die Natur des Zwischenraumes erzeugt wird, ist das Dach ein Teil von diesem. Welchen Gedanken das ermöglicht!
„Vorher" war das Dach nicht nur der Himmel.
Der Zwischenraum gibt dem Himmel die Aufladung. Der Himmel über dem Canal Grande ist anders als der über der Lagune (167).[2]
Das ist die Umkehrung jener Metaphysik, die besagt, daß „bei Mies der umgebende Raum im Innenraum enthalten ist."
Dies bedeutet, daß der umgebende Raum (wenn er vorhanden ist) bei Mies zur Natur des Gebäudes gehört.

---

1 *Der Kanon der konglomeraten Ordnung.* Vgl. Alison und Peter Smithson, Italienische Gedanken. Beobachtungen und Reflexionen zur Architektur, Braunschweig/Wiesbaden 1996, S. 116f. – Die Gesetze, die ein Gebäude der *konglomeraten Ordnung* regieren, sind in dem Essay *Toujours vers une Architecture* zitiert. Helen Webster, *Modernism without Rhetoric*, London 1997, S. 150f.
2 Siehe das Kapitel Himmel in diesem Band, S. 64ff.

167
Detail des Gemäldes
Miracolo della reliquia della Santa Croce,
Vittorio Carpaccio.

Beim *Hexenhaus* stammt die Aufladung, die der Zwischenraum an den Himmel weitergibt, vom Gitterwerk der Äste der Bäume, die das Haus ganz umgeben und verdecken.

Von oben   eine Überdeckung mit unterschiedlicher Dichte (168);

Nach oben   ein Gefühl der Befreiung, Ausblicke durch die weniger dichten Bereiche der Überdeckung aus Bäumen in den Himmel (169).

168
Brücke, Hexenhaus,
Bad Karlshafen, P.S., 2000.

169
Eingangs-Porch, Hexenhaus, Bad Karlshafen, P.S., 1998.
Blick auf den *Hexenbesenraum*.

Bei Tecta ist die Wiese der Zwischenraum – zwischen der Baumreihe am Bach und der Begrenzungslinie der Fabrik mit ihrer „Kruste" aus *Porches*.

Von oben   das Gefühl eines nach Wiese duftenden Himmels (171);

Nach oben   das Feiern dieser Wiese (170).

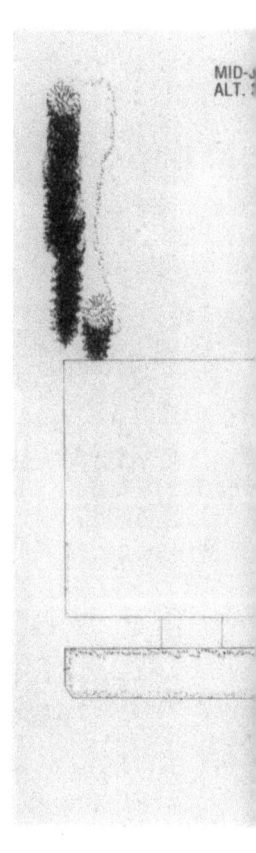

170
Inkrustationen bei Tecta, Lauenförde, A.&P.S., 1990-2000.
Isometrie der Anlage im Winter.

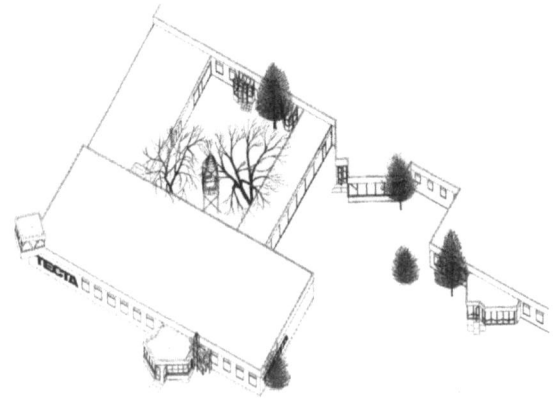

171
Landschaft um die Fabrik, Tecta, Lauenförde, A.&P.S., 1994-1996.
Vorhandene Bepflanzung um die Fabrik,
Schatten für Sonnenstand Mitte Juli, 8.00 Uhr morgens.

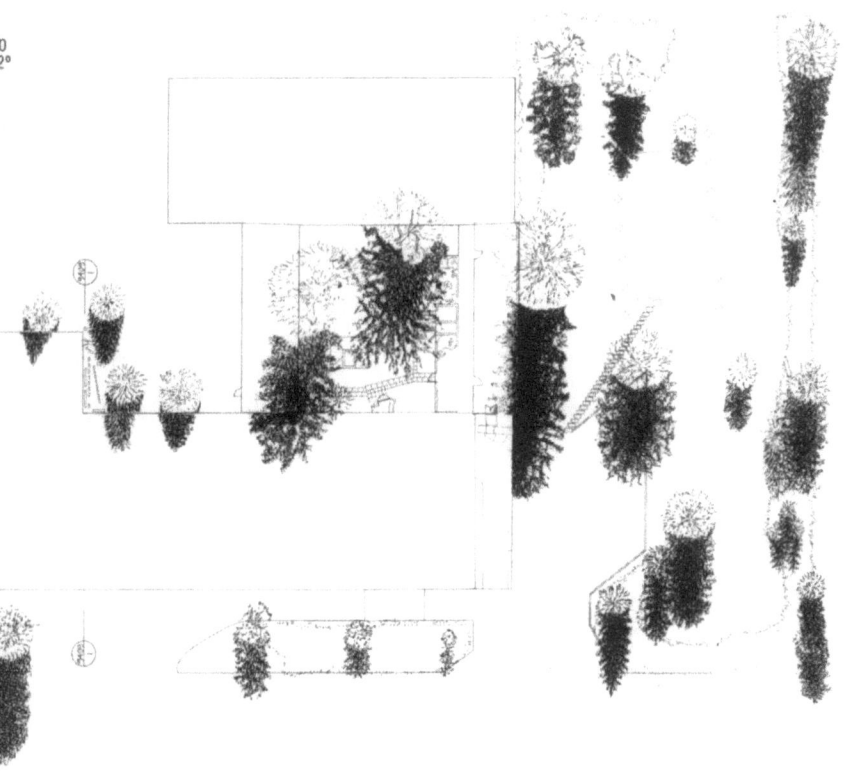

Bibliographie des ILA&UD

Titel	Veröffentlichung	Erscheinungs-datum
A Notation of Trees	Anual Report	1990-1991
The Recovery of Parts of the Gothic Mind	Anual Report	1990-1991
Functional to Passage	Anual Report	1991-1992
Markers on the Line	Anual Report	1991-1992
Markers on the Land	Anual Report	1992-1993
Tracks for the Territory	Anual Report	1992-1993
Acts of Amellioration	ILA&UD und C.U.E.C.M.	1993
Point Notation Scarlet Oak	Anual Report	1993
La Fornace	Anual Report	1993-1994
Sky	Anual Report	1993-1994
Riparian Responses	ILA&UD und Ecole d'Architecture de Bretagne	1994
Notation in Suburbs	Anual Report	1994-1995
Fireworks in the Calanco	Anual Report	1995-1996
Empooling	Anual Report	1996-1997
Rio Fiumicello	Bulletin	1997
Being at Home	Anual Report	1997-1998
From Above And To Above	Anual Report	2001-2002

Bildquellen

1. Umschlagseite
    Foto: P.S., November 1978

4. Umschlagseite
    Collage: A.S., Juni 1976
Titel, innen
    Foto: Sandra Lousada, Dezember 1991

Vorbemerkung des Herausgebers
1   Collage: A.S., 1976

Einführung
2   Collage: Connie Occhialini, 1991

Prolog: Die Entfaltung
3   Collage: A.&P.S., 1953
4   Collage: Gunnar Asplund, 1930
5   Foto: aus einer Zeitschrift, Anfang der fünfziger Jahre
6   Collage: Eduardo Paolozzi, 1948
7   Foto: 1952
8   Collage: A.&P.S.
9   Zeichnung: A.&P.S.
10   Diagramm: P.S., März 1995
11   Diagramm: P.S., März 1995
12   Foto: Seeberger

Die Wiederbelebung eines Teils der gotischen Denkweise
13   Zeichnung: Charles Waldstein, 1902
14   Karte: aus einem Touristenladen
15   Zeichnung: ILA&DU Dokument, Mitte der achtziger Jahre
16   Foto: P.S., August 1983
17   Zeichnung: G. Coscarella und F. C. Franci, 1981
18   Foto: nicht bekannt
19   Foto: A.&P.S., Mitte der sechziger Jahre
20   Foto: P.S., 1990
21   Foto: P.S., 1990
22   Foto: P.S., August 1990
23   Tuschezeichnung: A.S.
    Ideogramm: P.S., Frühjahr 1988
24   Foto: achtziger Jahre
25   Foto: achtziger Jahre
26   Zeichnung: A.S. mit Martina Geccelli
27   Gemälde: von einer Postkarte

Straßen und Reaktionen
28　Zeichnung: von einer Postkarte
29　Foto: P.S., Januar 1995
30　Foto: P.S., Januar 1982
31　Foto: Process Architecture
32　Zeichnung: Vermessungsamt

Markierungen entlang einer Linie
33　Zeichnung: P.S., August 1991
34　Flugblatt: unbekannt
35　Zeichnung: P.S., August 1991
36　Zeichnung: P.S., August 1991
37　Zeichnung: P.S., August 1991
38　Collage: P.S., August 1991

Pfade für das Territorium
39　Collage: P.S., September 1992
40　Collage: Lorenzo Wong, September 1992
41　Zeichnung: P.S., September 1992
42　Zeichnung: P.S., August 1992

Himmel
43　Gemälde: von einer Postkarte
44　Foto: P.S., August 1996
45　Foto: P.S., Januar 1955
46　Foto: Nigel Henderson, 1956
47　Foto: P.S., April 1994
48　Zeichnung: P.S., Februar 1994

Verbindungselemente
49　Foto: P.S., Oktober 1995
50　Foto: unbekannt
51　Foto: von einer Postkarte
52　Foto: P.S., April 1992
53　Foto: P.S., August 1985
54　Foto: P.S., Februar 1972
55　Foto: P.S., November 1978
56　Foto: P.S., 1967

Zum Begehen gemacht
57　Zeichnung: D.G. Cavallero, 1985
58　Foto: P.S., August 1968
59　Foto: P.S., Juni 1991
60　Collage: P.S.
61　Zeichnung: A.S. und A.M., 1990
62　Foto: P.S., Mai 1983

63	Zeichnung: Cornelia Pruecklmaier, A.S., Lorenzo Wong, Patricia Esteve, Februar 1993
64	Zeichnung: A.&P.S., 1990
65	Zeichnung: A.&P.S., April 1990
66	Gemälde: von einer Postkarte
67	Gemälde: von einer Postkarte

Magnetismus der Kante
68	Collage: P.S., 1972
69	Collage: P.S., 1972
70	Diagramm: P.S., März 2000
71	Foto: P.S., April 1990
72	Foto: von einer Postkarte

Uferreaktionen
73	Foto: P.S., April 1992
74	Zeichnung: Vermessungsamt
75	Foto: P.S., Mai 1976

Fußgängerbrücke über Bloomer's Hole
76	Zeichnung: A.S., Dezember 1992
77	Zeichnung: P.S., Dezember 1992

Rio Fiumicello
78	Zeichnung: P.S., August 1996
79	Collage: P.S., August, September 1996

Markierungen auf dem Land
80	Foto: P.S., Frühjahr/Sommer 1972
81	Foto: P.S., Juni 1978
82	Foto: P.S., Mai/Juni 1970
83	Foto: P.S., Juli/August 1971
84	Foto: P.S., August 1972
85	Foto: P.S., Juli 1989
86	Foto: P.S., Juni 1995
87	Zeichnung: M.S., D.V., Lorenzo Wong, 1996

Eine Anordnung von Bäumen
88	Zeichnung: P.S., August 1990
89	Collage: P.S., September 1990
90	Zeichnung: Lorenzo Wong, P.S., überarbeitet, September 1990

Punktförmige Anordnung: Scharlach-Eichen
91	Zeichnung: P.S., 1991
92	Collage: P.S., April/Mai 1993

Balatonfoldvar
93　　Zeichnung: A.S., Juli 1992
94　　Zeichnung: A.S., Juli 1992
95　　Zeichnung: P.S., Juli 1992
96　　Zeichnung: A.S., Juli 1992

Maßnahmen zur Bodenverbesserung
97　　Zeichnung: A.S. und Lorenz Wong, Dezember 1990
98　　Zeichnung: Lorenzo Wong, 1994-2000
99　　Zeichnung: vergrößerter Belegbogen
100　 Foto: P.S., Februar 1999
101　 Foto: P.S., September/Oktobe 1991
102　 Foto: P.S., September/Oktober 1992
103　 Foto: A+U
104　 Foto: P.S., Septembe 1991
105　 Zeichnung: A.S., März 1992

Zwei Türme
106　 Gemälde: von einer Postkarte
107　 Gunnar Asplund, Architekt, Stockholm, 1943
108　 Zeichnung: Lorenzo Wong, 1994
109　 Collage: P.S., April 1994
110　 Foto: P.S., Februar 1996
111　 Collage: Lorenzo Wong, März 1994
112　 Zeichnung: A.S., 1990
113　 Collage: A.S., 1990
114　 Foto: P.S., Mai 1992

Anordnungen in Vororten
115　 Zeichnung: P.S., August 1994
116　 Zeichnung: P.S., August 1994
117　 Zeichnung: P.S., August 1994
118　 Zeichnung: P.S., August 1994
119　 Zeichnung: P.S., August 1994
120　 Collage: P.S., September 1994
121　 Zeichnung: P.S., August 1994
122　 Zeichnung: P.S., August 1994
123　 Zeichnung: P.S., August 1994

La Fornace
124　 Collage: P.S., Lorenzo Wong, September/Oktober 1993
125　 Foto: P.S., Oktober 1980
126　 Zeichnung: P.S., August 1993
127　 Zeichnung: P.S., August/Septembe 1993

Feuerwerk im Calanco
128 Zeichnung: P.S., August 1995
129 Zeichnung: P.S., August 1995
130 Zeichnung: P.S., August 1995
131 Zeichnung: P.S., August 1995

Einbettungen
132 Foto: unbekannt, 1994 erhalten
133 Foto: P.S., April 1995
134 Foto: P.S., April 1995
135 Foto: A.S., August 1992
136 Foto: A.S., August 1992
137 Foto: Axel Bruchhäuser, April 1995
138 Foto: P.S., Juni 1994
139 Foto: Axel Bruchhäuser, Winter 1993-1994
140 Foto: Axel Bruchhäuser, April 1995
141 Foto: Axel Bruchhäuser, 1991
142 Zeichnung: U.G., 1991
143 Foto: P.S., Oktober 1996
144 Zeichnung: Lorenzo Wong, 1994-2000
145 Foto: P.S., Juli 1996
146 Foto: P.S., April 1996
147 Foto: P.S., Juli 1996
148 Foto: P.S., Juli 1996
149 Foto: P.S., April 1996
150 Collage: A.S., Juni 1976

Zuhause sein
151 Foto: P.S., Mai 1978
152 Foto: P.S., Mai 1978
153 Foto: unbekannt
154 Foto: P.S., April 1988
155 Foto: P.S., April 1988
156 Foto: P.S., April 1988
157 Foto: Axel Bruchhäuser, Mai 1996
158 Foto: Axel Bruchhäuser, Mai 1996
159 Foto: P.S., Juli 1996
160 Foto: P.S., Juli 1996
161 Foto: Axel Bruchhäuser
162 Zeichnung: A.S., Mai 1990
163 Zeichnung: Roger Paez de Blanc, 1996
164 Foto: P.S., Oktober 1996
165 Foto: P.S., Oktober 1996
166 Foto: P.S., Oktober 1996

Von oben - nach oben
167   Gemälde: von einer Postkarte
168   Foto: Axel Bruchhäuser, September 2000
169   Foto: P.S., Mai 1999
170   Zeichnung: Lorenzo Wong, Frühjahr/Sommer 2000
171   Zeichnung: R.J., P.S., A.K., Dezember 1994

Bauwelt Fundamente
(lieferbare Titel)

   1 Ulrich Conrads (Hg.), Programme und Manifeste zur Architektur des 20. Jahrhunderts
   2 Le Corbusier, 1922 – Ausblick auf eine Architektur
   3 Werner Hegemann,1930 – Das steinerne Berlin
 12 Le Corbusier, 1929 – Feststellungen
 14 El Lissitzky, 1929 – Rußland: Architektur für eine Weltrevolution
 16 Kevin Lynch, Das Bild der Stadt
 51 Rudolf Schwarz, Wegweisung der Technik und andere Schriften zum Neuen Bauen 1926–1961
 53 Robert Venturi, Denise Scott Brown und Steven Izenour, Lernen von Las Vegas
 56 Thilo Hilpert (Hg.), Le Corbusiers „Charta von Athen". Texte und Dokumente. Kritische Neuausgabe
 58 Heinz Quitzsch, Gottfried Semper – Praktische Ästhetik und politischer Kampf
 71 Lars Lerup, Das Unfertige bauen
 73 Elisabeth Blum, Le Corbusiers Wege
 79 Christoph Hackelsberger, Beton: Stein der Weisen?
 83 Christoph Feldtkeller, Der architektonische Raum: Eine Fiktion
 85 Ulrich Pfammatter, Moderne und Macht
 86 Christian Kühn, Das Schöne, das Wahre und das Richtige. Adolf Loos und das Haus Müller in Prag
 89 Reyner Banham, Die Revolution der Architektur
 90 Gert Kähler (Hg.), Dekonstruktion? Dekonstruktivismus?
 91 Christoph Hackelsberger, Hundert Jahre deutsche Wohnmisere – und kein Ende?
 92 Adolf Max Vogt, Russische und französische Revolutionsarchitektur 1917 · 1789
 97 Gert Kähler (Hg.), Schräge Architektur und aufrechter Gang
100 Magdalena Droste, Winfried Nerdinger, Hilde Strohl, Ulrich Conrads (Hg.), Die Bauhaus-Debatte 1953
101 Ulf Jonak, Kopfbauten. Ansichten und Abrisse gegenwärtiger Architektur
102 Gerhard Fehl, Kleinstadt, Steildach, Volksgemeinschaft

103 Franziska Bollerey (Hg.), Cornelis van Eesteren. Urbanismus zwischen „de Stijl" und C.I.A.M.
104 Gert Kähler (Hg.), Einfach schwierig
105 Sima Ingberman, ABC. Internationale Konstruktivistische Architektur 1922-1939
106 Martin Pawley, Theorie und Gestaltung im Zweiten Maschinenzeitalter
107 Gerhard Boeddinghaus (Hg.), Gesellschaft durch Dichte
108 Dieter Hoffmann-Axthelm, Die Rettung der Architektur vor sich selbst
109 Françoise Choay, Das architektonische Erbe: eine Allegorie
110 Gerd de Bruyn, Die Diktatur der Philanthropen
111 Alison und Peter Smithson, Italienische Gedanken
112 Gerda Breuer (Hg.), Ästhetik der schönen Genügsamkeit oder Arts & Crafts als Lebensform
113 Rolf Sachsse, Bild und Bau
114 Rudolf Stegers, Räume der Wandlung. Wände und Wege
115 Niels Gutschow, Ordnungswahn
116 Christian Kühn, Stilverzicht. Typologie und CAAD als Werkzeuge einer autonomen Architektur
117 Gerd Albers, Zur Entwicklung der Stadtplanung in Europa
118 Thomas Sieverts, Zwischenstadt
119 Beate und Hartmut Dieterich, Boden – Wem nutzt er? Wen stützt er?
120 Peter Bienz, Le Corbusier und die Musik
121 Hans-Eckhard Lindemann, Stadt im Quadrat. Geschichte und Gegenwart einer einprägsamen Stadtgestalt
122 Peter Smithson, Italienische Gedanken – weitergedacht
123 André Corboz, Die Kunst, Stadt und Land zum Sprechen zu bringen
124 Gerd de Bruyn, Fisch und Frosch – oder die Selbstkritik der Moderne

Gerd de Bruyn

Fisch und Frosch

oder die Selbstkritik der Moderne

Überschattet von der nicht enden wollenden Kritik an der modernen Architektur ist ihre Fähigkeit zur Selbstkritik. Diese kommt in den Gedanken so unterschiedlicher Architekten wie Bruno Taut, Hugo Häring und Rem Koolhaas zum Ausdruck und ebenso in den Begegnungen Hans Scharouns mit Martin Heidegger und Peter Eisenmans mit Jacques Derrida.

165 Seiten, 20 sw-Abb. und 20 Zeichnungen
Broschur
(BF 124) ISBN 3-7643-6497-1
Architekturtheorie

Ulrich Conrads

Programme und Manifeste zur Architektur des 20. Jahrhunderts

Immer wieder haben diejenigen, die für die Verwirklichung neuer Baugedanken in unserem Jahrhundert kämpften, ihre Mitwelt mit Grundsätzen, Programmen und Manifesten konfrontiert. In diesem Band sind die wichtigsten dieser Verlautbarungen zusammengefaßt: die des Werkbundes, der Futuristen, des Stijl bis zum Verschimmelungs-Manifest '58.

2. Auflage, 177 Seiten, 25 sw-Abb.
Broschur
(BF 1) ISBN 3-7643-6353-3
Architekturtheorie/Ideengeschichte

Kevin Lynch

Das Bild der Stadt

Wie orientieren wir uns in einer Stadt? Was haftet im Gedächtnis? Woher rühren unsere ganz fest umrissenen visuellen Vorstellungen? Was bedeutet die sichtbare Gestalt der Stadt den Bewohnern? Von so grundsätztlichen Fragen her erfaßt Kevin Lynch ein bisher unbegangenes Thema. Er zeigt, wie man das Bild der Stadt wieder einprägsamer machen könnte.

2. Auflage, 215 Seiten
Broschur
(BF 16) ISBN 3-7643-6360-6
Architekturtheorie

Venturi/Scott Brown/ Izenour

Lernen von Las Vegas

Zur Ikonographie und Architektursymbolik der Geschäftsstadt

Was unsere Architekten zumeist naserümpfend übersehen, ja am liebsten einebnen würden, gilt den Venturis als willkommene Inspiration. Dem ›Internationalen Stil‹, der trotz seiner Resultate noch immer den Funktionalismus in den Zeugenstand ruft, begegnen sie, am Beispiel des ›Strip‹, mit dem Ruf nach Erneuerung des Symbolischen in der Architektur.

2. Auflage, 213 Seiten, 350 sw-Abb., Broschur
(BF 53) ISBN 3-7643-6362-2
Architekturtheorie

Le Corbusier

**1922
Ausblick
auf eine
Architektur**

Le Corbusier faßt in diesem seinem ersten Buch jene erregenden Aufsätze über Architektur zusammen, die er 1920/22 für die Zeitschrift Esprit Nouveau schrieb. Vers une Architecture wurde eines der einflußreichsten und zugleich am wenigsten verstandenen Architekturbücher des 20. Jahrhunderts. Es gilt als einer der großen Vor-Entwürfe für neues Bauen.

4. Auflage, 215 Seiten, 229 Abb.
Broschur
(BF 2) ISBN 3-7643-6354-1
Architekturtheorie

Le Corbusier

**1929.
Feststellungen
zu Architektur
und Städtebau**

Diese 10 Vorträge Le Corbusiers mit dem Titel »Précisions« sind eine faszinierende Anleitung zum Bauen: Feststellungen zu Natur, Ort, Klima, Größe und Ordnung. Wie 1929 in Buenos Aires, so folgt man auch heute gebannt den »bestürzenden Sprüngen der Logik«, mit denen die Vorstellungen und Ideen Corbusiers Form gewinnen.
Ein Zeugnis lebendigen Geistes!

2. Auflage, 247 Seiten, Broschur
(BF 12) ISBN 3-7643-6357-6
Architekturtheorie

Bei Fragen zur Produktsicherheit wenden Sie sich bitte an:
If you have any questions regarding product safety,
please contact:

Birkhäuser Verlag GmbH
Im Westfeld 8
4055 Basel, Schweiz
productsafety@degruyterbrill.com